Bona Lea Schwab

DAS

ANTI GRÜBEL

Gedankenzähmen
für Einsteiger

BUCH

Bibliografische Information der
Deutschen Nationalbibliothek:
Die Deutsche Nationalbibliothek
verzeichnet diese Publikation in
der Deutschen Nationalbibliografie;
detaillierte bibliografische Daten sind
im Internet über dnb.dnb.de abrufbar.

Bona Lea Schwab
c/o Papyrus Autoren-Club
R.O.M. Logicware GmbH
Pettenkoferstr. 16–18
10247 Berlin
Tel.: 030/49997373

Herstellung und Verlag:
BoD – Books on Demand, Norderstedt
Coverdesign & Layout: eBookerei
Abbildungen: nice day for an illustration
Lektorat: Redaktionsbüro Feldbaum
© 2017 Bona Lea Schwab
All rights reserved.

Kontakt:
info@regie-deines-lebens.de
www.regie-deines-lebens.de

ISBN: 9783746057088

Falsche Gedanken bringen dich um dein Glück.
Falsche Gedanken machen dich verrückt.
Falsche Gedanken müssen doch nicht sein.
Falsche Gedanken, nein, nein, nein.

Lassie Singers
Mit freundlicher Genehmigung von Funny van Dannen

Vom Grübler zum Gedankenzähmer

Unser Gehirn schickt uns Tag für Tag auf abwechslungsreiche Reisen. Dank ihm tauchen wir ein in vergangene Ereignisse, bebildern Zukunftsszenarien und gleichen das Gesehene mit unseren inneren Vorstellungen ab: *„Was bedeutet das für mein Leben, wie fühle ich mich, wie stehe ich zu bestimmten Menschen, und was wünsche ich mir überhaupt?"* Im Sekundentakt führen wir Gedankenexperimente dieser Art durch. Wir analysieren unsere Erfahrungen und versuchen, ihnen einen Sinn zu verleihen – mit dem Ziel, unseren Platz in der Welt zu definieren. Doch gelegentlich gerät das ein oder andere Experiment außer Kontrolle. Das Denken verfällt in den Grübelmodus und wird unproduktiv. Nehmen Grübelgedanken zu viel Raum ein, leidet unser Wohlbefinden. Wir steigen an Bord eines Karussells, ohne zu bemerken, um welche Art Fahrgeschäft es sich handelt. Der nächste Stopp ist ungewiss. Wir brüten über einem Thema und drehen uns im Kreis. Die Lieblingsfragen lauten, warum gewisse Dinge passieren und Gefühle da sind, welche Bedeutung sie für uns haben und warum dies ausgerechnet uns oder anderen passiert. Wir fällen überwiegend negative Urteile über uns und die jeweilige Situation und verwerten dabei ähnliche Gedanken mehrmals: Als musterhafter Grübler sind wir Wiederkäuer. So sitzen wir im Grübelkarussell – und mit der Zeit raucht uns der Kopf.

Am Ende der Fahrt ist unser Energielevel merklich geschrumpft. Wir entsteigen dem Karussell dank anste

hender Termine, des klingelnden Telefons oder eigener Kraftanstrengung. Der Schwung ist ermattet, die Stimmung angeschlagen. Die intensive Anstrengung führte zu keinem Ergebnis – es war ein Minus(fahr)geschäft.

Wenn Sie sich ab und zu auf einer Grübelfahrt befinden, sind Sie damit nicht allein. Viele Menschen neigen bisweilen zur Grübelei. Es ist immerhin ein Versuch des Gehirns, mit dem Auf und Ab des Lebens fertig zu werden. Es lohnt sich allerdings, innere Monologe immer wieder anzuschauen und zu überprüfen, wie nutzbringend sie für das eigene Leben, für gesteckte Ziele und das persönliche Vorankommen sind. Ich lade Sie mit meinem Buch ein, sich bewusst mit Ihrer Gedankenwelt auseinanderzusetzen und jene herumtobenden Anteile zu zähmen, die in Ihrem Inneren unnötig Staub aufwirbeln und die Sicht auf Ihre Einflussmöglichkeiten benebeln.

Teil 1 „Im Grübelkarussell" liefert als Theorieteil die Grundlagen zum Thema: Welche Bedeutung haben Gedanken im Allgemeinen, was sind Grübelgedanken, und wie wirken sie sich auf unseren Alltag aus? Ziel dieses Abschnitts ist es, Sie als Leser für die energieraubenden Leerlaufgedanken zu sensibilisieren.

Teil 2 **„Mit der Grübelgewohnheit brechen"** macht Sie anschließend mit wirksamen Anti-Grübeltechniken vertraut. Die Übungen zielen darauf ab, sich der eigenen Grübelgewohnheit bewusst zu werden und sie Schritt für Schritt abzulegen.

Um die Auseinandersetzung mit neuen Denkgewohnheiten dreht es sich in **Teil 3 „Konflikte angehen"**. Er liefert zahlreiche Übungen und Denkanstöße, um in zukünftigen Konflikt- und Entscheidungssituationen weniger ins Grübeln zu geraten und mit den Gegebenheiten stattdessen selbstbestimmt und nutzbringend umgehen zu können.

Teil 4 **„Konstruktives Denken im Alltag"** entlässt Sie schließlich mit weiteren Impulsen, die lösungsorientiertes Denken im Alltag fördern.

Wie Sie sehen, ist das Anti-Grübel-Buch nicht nur Ratgeber für den konkreten Umgang mit Grübelgedanken. Es legt genauso viel Wert auf die Beantwortung der Fragen: Wie setze ich meine gedankliche Energie stattdessen ein? Was kann ich tun, damit ich in kniffligen Alltagssituationen nicht in meine typischen Grübelmuster zurückfalle? Das erfordert an der ein oder anderen Stelle richtiggehende „geistige Umbaumaßnahmen". Dabei bleibt es Ihnen überlassen, wie viel Veränderung Sie in Ihr Leben holen möchten. Das Anti-Grübel-Buch bietet einen bunten (Werkzeug-)Koffer aus Übungen und Denkanstößen. Es ist vollkommen in Ordnung, die Anregungen schlicht durchzulesen und sich auf diese Weise inspirieren zu lassen. Gleichzeitig halten Sie hier ein Arbeitsbuch in Händen, dessen einzelne Einheiten Zeit- und Energieaufwand erfordern, wenn sie Schritt für Schritt von Ihnen erprobt werden. Um Art und Dauer der jeweiligen Übung besser einschätzen zu können, ist sie zu Beginn entsprechend gekennzeichnet.

Begeben Sie sich nun auf einen zielgerichteten Gedankenkurs, der für Ihr Erleben und Ihre Ziele effektiv und wertvoll ist. Sagen Sie Ihrem Oberstübchen auf liebevolle Weise, wo es langgeht. Werden Sie zum Gedankenzähmer!

Herzlichst,
Ihre
Bona Lea Schwab
Stuttgart, den 27. August 2017

TEIL 1
IM GRÜBELKARUSSELL

Im folgenden Theorieteil erfahren Sie auf anschauliche
und kompakte Weise, warum Gedanken in unserem
Erleben eine zentrale Rolle spielen und weshalb
es sich bezahlt macht, sie genauer unter die Lupe
zu nehmen. Anschließend widmen wir uns dem
Grübelmechanismus.

Was genau passiert, wenn wir grübeln?
Aus welchen Gründen geraten wir in unproduktive
Gedankenschleifen? Und welche Auswirkungen hat das
Grübeln auf uns?

Die zentrale Rolle der Gedanken

In den meisten Alltagsmomenten ist uns nicht bewusst, wie nachhaltig bestimmte Gedanken unser Erleben und Verhalten beeinflussen. Stellen wir uns vor, es passiert etwas Unerwartetes: Wir haben es beispielsweise eilig und stecken im Stau. Wir werden vom Chef mit der Bitte überrumpelt, aus dem Stegreif vor dem Team zu sprechen. Oder ein Mitmensch ist uns gegenüber ohne erkenntlichen Grund unfreundlich. Wenn wir mit der Situation konfrontiert sind, reagieren wir mit unserer charakteristischen Art. Der eine mag sich über die Verspätung aufregen, die der Stau auslöst, glaubt, der Chef habe ihn auf dem Kieker und reagiert auf den barschen Passanten ebenso streitlustig. Ein anderer nutzt die Zeit im Auto, um sich ein Geschenk für die abendliche Geburtstagsfeier zu überlegen. Er weist dem Chef die Verantwortung für das schlecht geplante Meeting zu und macht sich nichts aus der Unhöflichkeit eines Unbekannten. Reaktionen hängen mit der aktuellen Tagesverfassung, individueller Persönlichkeit und – das ist der Knackpunkt – mit fest verankerten Denkgewohnheiten zusammen. Werfen wir einen Blick auf ein einfaches Modell, das die Arbeit der Gedanken aufzeigt.

Der schematische Ablauf der Reaktion sieht so aus:

Wir erleben eine **Situation**, erinnern uns an ein vergangenes Ereignis oder nehmen ein zukünftiges vorweg.
    Daraufhin kommt es zu einer Analyse und Bewertung. Unsere **Persönlichkeit**, unsere Lebenseinstellungen, Wer-

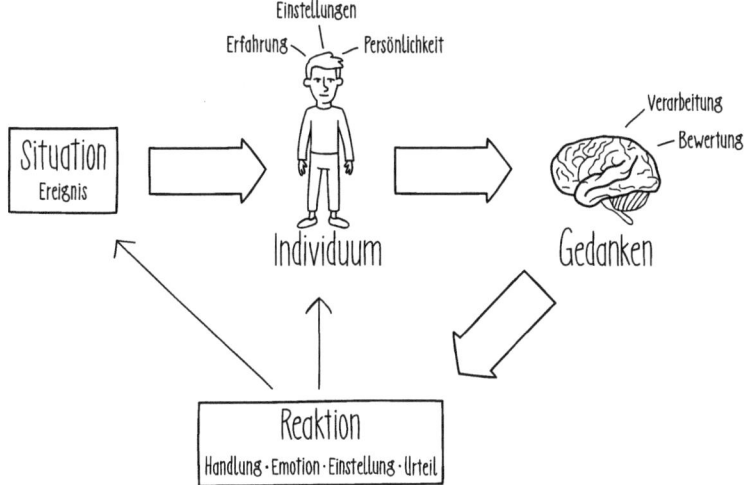

te, Eigenheiten und Erfahrungen fließen in den Bewertungsprozess mit ein.

Es kommen nun automatische **Gedankenmuster** ins Spiel. Dank ihnen konzentrieren wir uns in routinierter Weise lediglich auf bestimmte Aspekte der vorhandenen Situation.

Unsere gedankliche Einschätzung bestimmt in der Folge zu großen Teilen unsere **innere und äußere Reaktion**. Die Denkvorgänge haben Einfluss darauf, welche Gefühle (Ärger, Wut, Verständnis oder Freude), körperliche Reaktionen (erhöhte Pulsfrequenz, Muskelanspannung oder Schwitzen) und konkrete Verhaltensweisen wir an den Tag legen.

Diese erfolgten Reaktionen haben in einer Art **Kreislauf** wiederum Einfluss darauf, wie wir die Situation erleben und uns selbst wahrnehmen.

FAZIT Unsere Gedanken spielen eine zentrale Rolle als Vermittler zwischen uns und der Welt. Sie beeinflussen zu jedem Zeitpunkt unser Verhalten und unsere Gefühle.

Gedanken machen Gefühle

Ein Aspekt aus dem vorangegangenen Abschnitt ist eine wichtige Erkenntnis: Die Gedanken, die wir in einer Situation haben, prägen unsere nachfolgenden Gefühle. Ein Fallbeispiel soll das verdeutlichen:

- **Situation:** Sie sind mit einer Freundin verabredet, doch die ist bereits eine Viertelstunde zu spät.
- **Persönlichkeit:** Sie waren die letzten Male ebenfalls nicht pünktlich, und Sie sind ein Mensch, der nicht schnell aus der Ruhe zu bringen ist.
- **Gedanken:** Sie überlegen, was Ihre Freundin aufgehalten haben könnte, und sind überzeugt davon, dass sie um diese Zeit möglicherweise im Feierabendverkehr feststeckt.
- **Innere und äußere Reaktion:** Vorerst beruhigt Sie Ihre Erklärung. Sie bestellen Kaffee und greifen zu einer Lektüre, um die Wartezeit zu überbrücken.
- **Anhäufung erneuter Gedanken:** Ihnen fällt ein, dass das Auto Ihrer Bekannten in der Reparatur ist und sie nicht im Stau stecken kann. Sie fragen sich, warum Ihre Freundin nicht wenigstens anruft oder eine Textnachricht schreibt. Sie selbst würden es so handhaben. Sie sind der Ansicht, dass sich das irgendwie gehört. Sie finden, dass Ihre Freundin unzuverlässig ist. Ob sie die Verabredung vergessen hat?
- **Erneute Reaktion:** Sie schauen auf die Uhr und beginnen, sich zu ärgern.

Das Beispiel veranschaulicht, dass – obwohl die Situation dieselbe geblieben ist – unterschiedliche Reaktionen auftreten können, je nachdem, welche Gedanken der Betroffene hat und welche Bewertungsprozesse ablaufen. Das Zusammenspiel zwischen Gedanken und Gefühlen geschieht in hohem Tempo – es ist daher nicht immer leicht, sie getrennt voneinander wahrzunehmen.

Sie können sich selbst einmal beobachten, wenn sich Ihre Laune ohne erkennbaren äußerlichen Grund verändert. Welche Gedanken gingen Ihrem Stimmungswandel voraus?

 **FAZIT** Unsere Gedanken über eine Situation lösen unsere Gefühle und unser Verhalten aus, nicht die Situation als solche.

Grübelgedanken und ihre Folgen

„Was hat das zu bedeuten?"
„Warum passiert das ausgerechnet mir?"
„Wieso muss ich mich so fühlen?"
„Warum habe ich mich nicht anders verhalten?"

Grübeln macht passiv

Grübelgedanken wollen die Bedeutung einer Situation oder eines Gefühls erforschen. Es geht ihnen nicht darum, eine mögliche Veränderung herbeizuführen. Sie schotten den Grübler von seinen Einflussmöglichkeiten ab und machen ihn daher passiv.

Grübeln braucht keinen Auslöser

Um in eine Grübelschleife zu geraten, müssen keine besonderen Auslöser vorhanden sein. Alltägliche Erlebnisse, Erinnerungen oder Gefühlszustände reichen aus, um den Grübelmotor anzuwerfen.

Grübeln verbraucht Kraft

Das Trickreiche an Grübelgedanken ist, dass sie uns das Gefühl geben, wir würden uns aktiv mit einer Sache auseinandersetzen. Schließlich arbeitet das Gehirn auf Hochtouren. Wir sind ausdauernd und stecken viel Energie in den Denkvorgang. Die Gedanken drehen sich im Kreis um die immer selben Themen und verselbstständigen sich dabei rasch.

Grübeln verfolgt kein konkretes Ziel

Grübelgedanken werden innerhalb kürzester Zeit abstrakt und beziehen sich immer weniger auf eine konkrete Erfahrung. Sie sind nicht daran interessiert, sich auf hilfreiche Aspekte einer Situation zu konzentrieren oder sich für eine Lösung oder ein gestecktes Ziel einzusetzen.

Grübeln verstärkt negative Gefühle

Im Moment des Grübelns ist uns meistens nicht bewusst, dass wir im Grübelkarussell sitzen. Wer sich mitten in einer solchen Denkschleife befindet, schafft es nicht, das Kopfzerbrechen zu hinterfragen oder zu überprüfen. Er sammelt immer mehr Beweise, die eine negative Sicht bekräftigen, anstatt alternative Erklärungen zu erarbeiten. Das kann zu Gefühlen von Traurigkeit, Unzulänglichkeit, Kraftlosigkeit, Wut, Hilflosigkeit und Ohnmacht führen.

Grübeln ist uns vertraut

Manchmal fühlen wir uns in der negativen Gedankenschleife auf eine besondere Art wohl. Das mag zunächst paradox klingen und erklärt sich wie folgt: Je öfter ein Verhalten wiederholt wird, desto höher ist dessen Bekanntheitsgrad für unser Gehirn. Alles, was bekannt ist, gefällt dem Gehirn. Daher sind Routinen jeder Art so extrem wirkungsvoll. Wir empfinden Vertrautheit, sogar dann, wenn es sich um Dinge handelt, die schädlich für uns sind. Dann siegt in der Regel die Kraft der Routine gegenüber der Vernunft. Das Grübeln ist eine vielfach eingeübte Denkgewohnheit, die ein Gefühl von Geborgenheit und „Heimischsein" hervorbringt. Wir haben wenig Abstand zu unseren routinierten Gedanken und identifizieren uns mit ihnen. Wir rechtfertigen das Grübeln und die damit einhergehenden Emotionen daher sogar gern mit einem: *„So bin ich eben!"*

Grübeln breitet sich aus

Das Gefühl, keine Kontrolle über eine Situation zu haben, kann sich durch den Grübelprozess derart steigern, dass wir uns richtiggehend gelähmt fühlen. Diese Hemmung breitet sich dann auf weitere Lebensbereiche aus. Im Fang der Grübelschleife ziehen wir negative Rückschlüsse auf unsere Kompetenzen. Wir empfinden uns weniger leistungsfähig und zweifeln an unseren Fähigkeiten. Eigene Defizite, Unsicherheiten und erlebte Misserfolge rücken in den Fokus.

Selbstverstärkende Grübelspirale

Das Grübeln kann also als eine Art Spirale beschrieben werden, die im Verlauf immer destruktiver wird und an Kraft hinzugewinnt. In der selbstverstärkenden Grübelspirale springt der Grübler von einer Fragestellung zur nächsten. Negative Gedanken und unwirksame Fragen reihen sich in einer assoziativen Themenkette aneinander und füllen den Verstand. Das diffuse Sammelsurium hinterlässt ein unangenehmes Ohnmachtsgefühl. Es entsteht weder eine Konkretisierung des grundlegenden Konflikts noch wird nach einer aktiven Lösung gesucht. Die eigenen Bewältigungsmöglichkeiten werden verdrängt. Die Grübelspirale speist sich aus allen zur Verfügung stehenden Energien und wird zu einem Selbstläufer mit Sogwirkung.

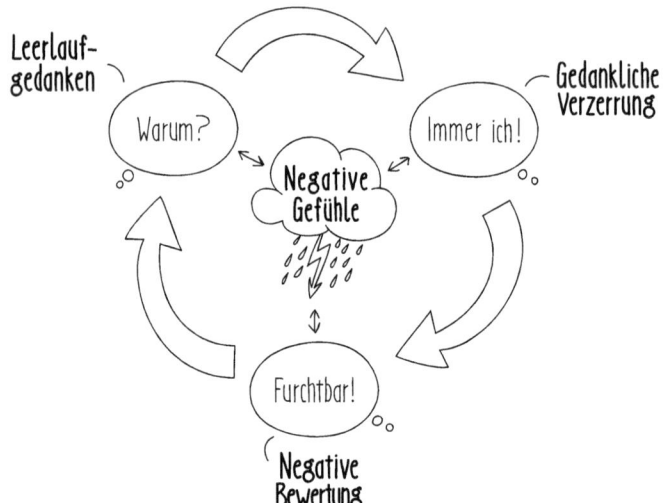

Verstärkungsmechanismus

Der Grübelvorgang präsentiert sich als Werkzeug, das sich in jedem Moment in Griffnähe befindet, und es stellt in Aussicht, psychischen Druck zu mindern. Es kommt so unscheinbar daher – mit dem Versprechen: „Erst einmal nachdenken, dann sieht das alles bestimmt gleich anders aus." Die Tatsache, dass uns das Grübeln für einen Augenblick Erleichterung verschafft, ist dafür verantwortlich, dass wir es immer wieder tun.

Abgrenzung zur Angst

In der Forschung und Psychotherapie wird klar unterschieden zwischen Grübel- und Sorgengedanken. Grübeln bezieht sich auf vergangene Erlebnisse, Taten und dadurch verursachte Gefühlszustände. Sorgen fokussieren sich auf mögliche Bedrohungen, die in der Zukunft liegen. Grübelgedanken sind also eher vergangenheits-, Sorgengedanken dagegen zukunftsorientiert. Nichtsdestotrotz gibt es insofern Ähnlichkeiten, als dass sich Betroffene, die sich Sorgen machen, auch in einer Art Denkschleife verlieren können, die sich unangenehm hochschaukeln kann. Während die Hauptemotion, die durch das Grübeln entsteht, Traurigkeit ist, geht es bei den Sorgen um Angst. Viele Menschen leiden unter beiden Phänomenen: Sie haben den Hang zum Grübeln und machen sich viele Sorgengedanken. Dieser Überschneidung wird im Anti-Grübel-Buch insoweit Rechnung getragen, als dass die Übungen generell zur Auseinandersetzung mit der eigenen Gedankenwelt anregen. Techniken, die beispielsweise den Gedankenstrom unterbrechen, helfen bei rückwärtsgewandten wie auch bei zukunftsorientierten Gedankenspiralen.

FAZIT Grübelgedanken können dramatische Auswirkungen darauf haben, wie wir erlebte Situationen einschätzen und wie wir uns als Person wahrnehmen. In der Grübelspirale potenzieren sich ungünstige Bewertungen, negative Gefühle und die versperrte Sicht auf Handlungsoptionen. Grübeln verschafft uns ein kurzfristiges Erfolgsgefühl. Dieser Verstärkungsmechanismus sorgt dafür, dass wir trotz der negativen Effekte immer wieder darauf zurückgreifen. So hat sich das Grübeln zu einer antrainierten Denkgewohnheit entwickelt.

Trickkiste der negativen Verstärker

Im Verlauf des Grübelprozesses kann es passieren, dass sich ungünstige Denkmuster gegenseitig regelrecht überbieten. Darunter fallen nicht nur die typischen Warum-Fragen, sondern auch systematische Denkfehler, die zum Beispiel die Wahrnehmung einer Situation verzerren, unangemessene Bewertungen vornehmen und selbstschädigende Überzeugungen befeuern. Der Blick auf eine Situation ist dann von vornherein getrübt, Informationen können nur noch selektiv wahrgenommen werden. Aspekte, die die Situation neutraler erscheinen lassen würden, werden durch diese Perspektive nicht wahrgenommen – unsere Gedanken tricksen uns sozusagen aus. Folgende Liste stellt einen Teil jener Manöver vor, die eine erfolgreiche Bewältigung von Gefühlszuständen und Erlebnissen sabotieren. Da kommt schon eine Menge zusammen, das müssen Sie sich nicht alles merken. Mit den Tipps im zweiten Buchteil werden Sie beginnen, Ihre persönlichen Denkmuster zu untersuchen und entsprechend effektivere Strategien entgegensetzen. Grübler greifen gern in diese „Trickkiste der negativen Verstärker", die hier mit Beispielen versehen ist. Vielleicht kommt Ihnen bereits das ein oder andere Beispiel bekannt vor.

Warum-Fragen ohne sinnvolle Antwortmöglichkeit:
- Warum passiert das ausgerechnet mir?
- Warum ist die Welt nur so?
- Warum kann ich nicht anders sein?

Verallgemeinerung:

- Immer passiert mir so etwas.
- Alle Menschen sind rücksichtslos.
- Nie kann mal etwas gut laufen.

Katastrophisieren:

- Jetzt ist es für alles zu spät.
- Jetzt denkt jeder, dass ich nichts kann.
- Sicherlich verheimlicht er/sie mir etwas, wahrscheinlich geht er/sie fremd.
- Negative Bewertung:
- Das ist so furchtbar!
- Ich bin ein Versager.
- Das verkrafte ich nicht.

Sammeln von Negativbelegen und verzerrtes Schlussfolgern:

- Beim letzten Mal hat es schon nicht geklappt, also wird es jetzt auch nicht funktionieren.
- Keiner hat mir je Unterstützung angeboten, also wird mir auch jetzt keiner helfen.
- Herr Meier hat mich nicht gegrüßt, der hat etwas gegen mich.

Emotionale Beweisführung:

- Ich fühle mich schuldig, also habe ich etwas falsch gemacht.
- Ich habe Angst vor einer Herausforderung, also bin ich ihr nicht gewachsen.
- Ich bin eifersüchtig, also geht mein Partner fremd.

Ungünstige Glaubenssätze:
- Wenig Geld zu haben, ist schlecht.
- Allein zu sein, ist ein Armutszeugnis.
- Nur wer erfolgreich ist, hat es verdient, geliebt zu werden.

Nicht-Akzeptanz der Realität:
- Ich kann zwar überhaupt nichts tun, aber ich will das nicht akzeptieren!
- Wenn doch nur nicht …
- Das kann doch nicht sein …

Schwarz-Weiß-Denken / Alles-oder-nichts-Prinzip:
- Entweder ich erreiche alle meine Wochenziele, oder ich habe auf ganzer Linie versagt.
- Ich bin entweder erfolgreich, oder es wird zur vollen Katastrophe.

 **FAZIT** Unsere Gedanken können von ungünstigen Denkmustern gelenkt werden, die unsere Wahrnehmung von der Welt verzerren. Erlebtes erscheint durch diese pessimistische Brille schlimmer, als es tatsächlich ist.

Grübelbeispiele

In den nachfolgenden Beispielen versuchen die Protagonisten, mit Konfliktsituationen zurechtzukommen. Vielleicht kommt Ihnen der ein oder andere Moment bekannt vor?

Anerkennung

Mia hält in ihrem neuen Job zum ersten Mal eine Präsentation. Sie hat sich gründlich vorbereitet und ist gespannt auf das Urteil des Abteilungsleiters. Doch hinterher erhält sie nur ein kurzes Danke. Mia versteht die Welt nicht mehr. *„Fand er es gut? Miserabel? Wieso bekommen die anderen bei jeder Gelegenheit ein ausführliches Feedback und ich nicht? Habe ich etwas übersehen? Bin ich keine Stellungnahme wert?"* Mia geht innerlich die vergangenen Wochen durch. Sie grübelt, ob sie etwas falsch gemacht hat, und beginnt, über ihre Kompetenzen nachzudenken. Von nun an bereitet sie sich intensiver vor, möchte sich zuverlässiger präsentieren und vor allem beweisen, dass sie den Herausforderungen gewachsen ist. Ein ungutes, gehetztes Gefühl begleitet sie fortan.

Erinnerung

Frank erinnert sich an ein Familienfest. Tante und Onkel sprachen hinter dem Rücken schlecht über seine Kinder. Es ist Jahre her, doch die Wut darüber spürt Frank wie damals. *„Was geht das eigentlich die beiden an, was ich meinen Kindern erlaube und was nicht? Solche Leute tun nichts, als den ganzen Tag über andere Menschen zu lästern. Da ackert man sich ab, und das ist der Dank. Von wegen „müss-*

te mal konsequenter sein" und *„verzogene Bengel"*! *Wieso habe ich zu jener Zeit eigentlich nichts gesagt? Wie dumm war das nur? Heute würden die beiden das Gespräch garantiert leugnen! Wäre ich da mal nur für mich eingestanden. Warum fällt mir das immer so schwer? Wieso kann ich in solchen Situationen nicht schneller reagieren?"*

Selbstwert

Susi steht bei einer Party im Kreis ihrer Bekannten und macht eine Bemerkung, die ihre Unwissenheit zum Thema preisgibt. Offensichtlich sorgt sie damit für Erheiterung in der Runde: Die Zuhörer amüsieren sich. Susi möchte auf der Stelle im Boden versinken. Später am Abend kann sie nicht mehr aufhören, darüber nachzudenken. *„Wie konnte mir bloß dieser Kommentar über die Lippen rutschen? Warum habe ich nicht besser darüber nachgedacht? Was die anderen wohl jetzt über mich denken? So blamiert habe ich mich noch nie."* Susi mag sich im Augenblick nicht. Sie fühlt sich wertlos und inkompetent.

Sorgen

Gero ist seit längerer Zeit krankgeschrieben. Er weiß von den Kollegen, dass das Team in Arbeit versinkt. Alle fragen nach, wann er endlich wieder kommt. *„Jetzt müssen die Kollegen zusätzlich auch noch meinen Kram erledigen. Das wird denen sicher nicht gefallen. Warum muss ich ausgerechnet jetzt ausfallen? Die werden bestimmt nicht begeistert sein. Der Meier denkt sowieso immer, ich würde mich nicht genug einbringen, dabei schaut der immer auf die Uhr. Die werden mich, wenn ich wieder da bin, gleich mit Arbeit zuschütten. Das wird schwer, das weiß ich jetzt schon. Ob ich das wirklich schaffen werde? Wir waren alle schon* überfordert, bevor ich ausgefallen bin. Nicht, dass der Chef denkt, ich würde mich drücken."* Geros Grübelgedanken vermischen sich mit Sorgengedanken. Er sinniert einerseits über seine Krankheit, sorgt sich um seine reduzierte Leistungsfähigkeit, und fürchtet andererseits unangenehme Konsequenzen im Büro.

Eifersucht

Lars und Sarah sind ein frisch verliebtes Paar. Jeden Abend greift Lars zum Hörer und ruft seine Freundin an. Heute erreicht er sie nicht. Irgendetwas scheint anders zu sein. *„Was da wohl passiert ist? Vielleicht wurde sie aufgehalten? Aber von wem? Ob Sie doch der Einladung des neuen Kollegen gefolgt und mit ihm ausgegangen ist? Das kann Sie mir doch nicht verschweigen. Ob Sie in unserer Beziehung noch glücklich ist?"* Das letzte Gespräch mit Sarah am Vorabend war seltsam, meint sich Lars zu erinnern. Er ärgert sich über die späte Einsicht und macht sich Sorgen, dass etwas Grundsätzliches nicht stimmen könnte. So verbringt er einen langen Abend mit einem nagenden schlechten Gefühl. Die Angst, Sarah verlieren zu können, wächst.

Schönheit

Anja betrachtet sich im Spiegel. *„Wieso bin ich schon halb ergraut und die anderen Frauen in meinem Alter nicht? Jetzt werde ich alle zwei Wochen nachfärben müssen, das wird wieder einen Haufen Geld kosten. Oh Gott, und ich habe tatsächlich auch noch zugenommen. Ich muss wieder mehr Sport treiben. Aber ich schaffe das momentan einfach nicht. Wieso bin ich nicht disziplinierter? Mir wird jetzt schon schlecht, wenn ich an den Empfang heute Abend denke, ich* *wollte doch unbedingt in das alte Kleid passen. Das kann ich vergessen. Mensch, du musst dich jetzt echt mal zusammenreißen. In dem Zustand findest du wahrlich keinen Mann mehr."*

Freundschaft

Else trifft Frau Schmidt in der Stadt und grüßt sie. Frau Schmidt würgt Else rasch ab und geht in Eile weiter. Zu Hause macht sich Else Gedanken, was es damit auf sich hat. *„Vielleicht ist sie sauer, dass ich ihren Geburtstag vergessen habe? Vor drei Jahren hatte die Schmidt immerhin auch meinen Geburtstag vergessen! Geschieht ihr ja irgendwie recht. Hätte ich wenigstens zu Weihnachten anrufen sollen, als ich über die Nachbarin erfahren habe, dass es der Mutter von der Schmidt so schlecht ging? Das war vielleicht nicht in Ordnung. Aber ich habe nicht angefangen mit dem Ignorieren. Auf Freunde, die sich nur melden, wann es ihnen gerade passt, kann ich getrost verzichten. Aber was, wenn sie mich nicht mehr leiden kann und schlecht hinter meinem Rücken redet? Warum kann nicht alles so sein wie früher?"* In einem ständigen Abwägungsprozess versucht Else, sich für ihr eigenes Handeln zu rechtfertigen, grübelt grundsätzlich über Freundschaft nach, fürchtet negative Folgen für sich und trauert gleichzeitig vergangenen Zeiten hinterher.

Nachwirkungen

Wie geht es Ihnen jetzt? Haben Sie die Trickkiste der Grübelverstärker und die Grübelbeispiele komplett durchgelesen oder irgendwann beschlossen, sie zu überspringen? Für Letzteres hätten Sie mein volles Verständnis. Die Beispiele lenken Sie schließlich mitten in einen Schwarm zäher Grübelgedanken. Allein dieser kurze Ausflug zieht uns beim Lesen Energie ab. Daran spüren wir am eigenen Körper, wie wichtig es ist, Grübelgedanken zu erkennen und sich zukünftig von ihnen abzugrenzen – ob es nun unsere sind oder die unserer Mitmenschen.

Das Denken überdenken

Heutzutage gibt es in jedem Arbeitsfeld Gütesiegel, Evaluierungen, Testberichte und Sicherheitsstandards. Wer garantiert die Qualität Ihrer Denkprozesse und damit einhergehend Ihr emotionales Wohlbefinden? Die Antwort lautet: niemand. Kein Mensch schaut in Ihren Kopf hinein und gibt Ihnen Feedback mit praktischen Tipps: „Hör mal, ich würde an deiner Stelle an deinen gedanklichen Bewertungsmustern arbeiten! Du drehst dich gerade in einer negativen Gedankenschleife."

Wenn Gedanken unsere Gefühle auslösen – positiv und negativ –, dann erscheint es nur konsequent, dass wir uns auf einfühlsame Weise damit beschäftigen, wie es um diese Gedankenwelt bestellt ist. Die Verantwortung hierfür liegt bei uns selbst. Beginnen wir also, unser Denken zu überdenken!

Zusammenfassung

Unsere Gedanken spielen eine wichtige Rolle für unser Wohlbefinden. Was auch immer wir erleben, bewerten wir anhand unserer persönlichen Maßstäbe. Dies hat Auswirkungen darauf, welche Gefühle wir erleben. Grübelgedanken konzentrieren sich auf begangene Fehler, Probleme, Unzulänglichkeiten und negative Gefühle. Sie verselbstständigen sich rasch und ziehen uns viel Energie ab. Grübeln macht passiv, dreht uns gedanklich im Kreis und setzt sich nicht mit effektiven Bewältigungsmöglichkeiten auseinander. Ein negativer Denkstil, der sich über die Zeit eingeschlichen hat, befeuert Grübelgedanken. Da unsere Art, zu denken, lediglich antrainiert ist, sind Grübelgedanken und negative Denkmuster veränderbar. Wenn wir jeden Tag für einen Moment auf unsere Gedanken achtgeben, können langfristig gesehen Veränderungen stattfinden, die sich auf alle Lebensbereiche positiv auswirken.

TEIL 2
MIT DER GRÜBELGEWOHNHEIT BRECHEN

Es folgt der Startschuss für Ihr Anti-Grübel-Training. Sie erlernen nun die Grundlagen des Gedankenzähmens. Das Motto in diesem wichtigen Kapitel lautet: „Raus aus dem Gewohnheitstrott!" Die Übungen schulen Ihre Fähigkeit, Grübelgedanken überhaupt wahrzunehmen und dahinterliegende Grübelmuster zu identifizieren. Sie werden dazu angeregt, die eigene Aufmerksamkeit immer wieder bewusst auf die Gegenwart zu lenken und ins Tun zu kommen. Es wird dabei der Ansatz verfolgt, Grübelgedanken nicht abzulehnen, sondern einen gelasseneren Blick auf Gedanken im Allgemeinen zu üben, ihnen weniger Gewicht und Bedeutung beizumessen. Die Übungen verfolgen das Ziel, die eigene Grübelroutine zu durchbrechen und stattdessen alternative Verhaltensweisen entgegenzusetzen. Dieser Prozess benötigt Zeit. Viel Zeit. Bei diesem Training geht es also nicht um Schnelligkeit, sondern darum, alte Denkpfade zu verlassen und neue zu entdecken. Aus einer zarten Spur, die Sie zu Beginn vielleicht immer wieder aufs Neue suchen müssen, formt sich irgendwann ein leicht begehbarer Denk- und Handlungsweg. Seien Sie daher geduldig mit sich, und versuchen Sie, an die Übungen so spielerisch wie möglich heranzugehen und sie allmählich in Ihren Alltag zu integrieren.

Bestandsaufnahme

Wie sieht es eigentlich mit Ihren ganz persönlichen Grübelgewohnheiten aus? Die folgende Übung verhilft Ihnen zu einer ausgiebigen Analyse. Sie benötigen hierfür ein Notizheft.

Häufigkeit

Wie oft, schätzen Sie, steigen Sie pro Tag in Ihr Grübelkarussell ein? Lassen Sie sich Zeit, lassen Sie die letzten Tage Revue passieren. Sie kennen sich selbst sehr gut. Notieren Sie die ungefähre Zahl.

Kleiner Tipp: Immer dann, wenn Sie bemerken, dass Sie sich emotional unwohl fühlen und keine Ursache hierfür finden, überprüfen Sie, welche Gedanken Sie kurz zuvor gehabt haben. Vielleicht fällt Ihnen auf, dass Sie gegrübelt haben.

Begünstigende Faktoren

Nun wollen wir herausfinden, welche Begleitumstände Ihr Grübeln begünstigen. Notieren Sie sich bitte die Antworten auf folgende Fragen:

- Gibt es einen bestimmten Ort, an dem Sie öfter grübeln?
- Befinden Sie sich dann mit anderen Menschen in einem Raum, oder grübeln Sie eher, wenn Sie allein sind?
- Gibt es eine Tageszeit, zu der Sie eher geneigt sind, zu grübeln (z.B. abends, nach einem langen Tag, oder morgens, noch bevor der Tag beginnt)?
- Es gibt zweifelsohne auch Situationen, in denen Sie sel-

ten oder nie grübeln. Was genau ist an diesen Situationen anders? Was tun Sie in diesen Momenten?

- Wenn Sie grübeln, um welche Themen geht es dabei? Was sind Ihre beliebtesten Grübelthemen? (Freundschaft, Arbeit, Selbstzweifel ...?)

Konkrete Grübeltrigger und Inhalt

Erinnern Sie sich an eine Situation aus der jüngsten Vergangenheit, in der Sie gegrübelt haben, oder warten Sie die nächste Grübelphase ab. Notieren Sie sich Ihre Grübelgedanken – es reicht, wenn Sie dies stichwortartig tun. Wir wollen uns dabei auch konkret die Auslöser ansehen. Zeichnen Sie drei Spalten mit folgenden Überschriften: **Auslöser | Grübelgedanken | Meine Grübeltricks**

Füllen Sie zunächst die ersten beiden Spalten aus:

- Auslöser: Was ging dem Grübeln voraus? Was war der Startschuss? Welcher Umstand hat dazu geführt, dass ich gegrübelt habe? (Das kann auch der Gedanke an ein bestimmtes Thema gewesen sein, es muss kein Auslöser im Außen stattgefunden haben.)
- Grübelgedanken: Was genau habe ich gedacht? Welche Gedanken schossen mir durch den Kopf? Woran störten Sie sich am meisten?

Ihre Grübel-Trickkiste

Sehen Sie sich nun die zweite Spalte genauer an. Erkennen Sie Tricks, die Ihr Verstand besonders gern anwendet? Folgende Fragen unterstützen Sie bei der Suche:

- Stellen Sie sich in Grübelsituationen Fragen, die Sie nicht beantworten können? (Warum-Fragen)
- Scheren Sie gern alles über einen Kamm? (Verallgemeinerung)
- Sind Sie ein Schwarzmaler? (Katastrophisieren)
- Bewerten Sie sich, andere oder die Situation schlecht? (negative Bewertung)
- Ziehen Sie übertriebene Schlüsse aus ungünstigen Tatsachen? (verzerrtes Schlussfolgern)
- Bewerten Sie sich und Situationen anhand Ihrer Gefühle, im Sinne von: „Ich fühle mich so, daher ist es so"? (emotionale Beweisführung)
- Verstecken sich hinter Ihren Grübelgedanken vielleicht Überzeugungen, die Ihnen das Leben schwer machen? (ungünstige Glaubenssätze)
- Sind Sie ein Schwarz-Weiß-Denker? (Alles-oder-nichts-Prinzip)
- Fällt es Ihnen schwer, Dinge zu akzeptieren, wie sie sind? (Nicht-Akzeptanz der Realität)

Welche Aussagen treffen auf Sie zu? Falls Sie Schwierig-keiten mit der Beantwortung haben, befragen Sie eine nahestehende Person, die Ihnen ein ehrliches Feedback gibt. Sie kennt Ihre Art, zu denken, besser, als es Ihnen vielleicht bewusst ist.

Achtung: Tun Sie dies nur, wenn Sie hierfür offen sind und ein solches Feedback anzunehmen bereit sind. Sehen Sie es als wichtigen Schritt für Ihre Selbsterkenntnis.

Ihre Grübeltricks notieren Sie am Ende in der dritten Spalte.

Bewusstmachung

Sie halten nun eine systematische Liste Ihrer persönlichen Grübelmechanismen in Händen. Machen Sie sich die Rahmenbedingungen bei der Entstehung Ihrer Grübelgedanken bewusst. Welche Situationen fördern Grübelgedanken, und wann spielen sie praktisch keine Rolle? Welche Themen tragen ein erhöhtes Risiko, Grübelgedanken nach sich zu ziehen? Geben Sie acht auf trickreiche Gedanken, die Sie in die destruktive Grübelspirale locken wollen.

Machen Sie sich bewusst, dass Sie sich ab jetzt für ein klares gedankliches Vorankommen in Grübelsituationen einsetzen wollen. Schauen Sie in den kommenden Wochen immer wieder auf Ihre Liste, und fügen Sie weitere Grübelsituationen hinzu. Sprechen Sie mit lieben Menschen über das Thema, und erfragen Sie deren Grübelgewohnheiten. Je mehr Sie mit anderen im Austausch sind, desto greifbarer gestalten Sie Ihren aktiven Änderungsprozess und erhalten vielleicht auch interessante Einblicke, wie andere mit dem Thema umgehen. Ein schöner Nebeneffekt: Sie regen Ihr Gegenüber an, sich ebenfalls mit den eigenen Grübelmechanismen auseinanderzusetzen.

FAZIT Um mit Ihren persönlichen Grübelgewohnheiten brechen zu können, müssen sie Ihnen erst einmal bewusst sein. Sie kennen nun jene Begleitumstände, die Ihr Grübeln begünstigen. Sie wissen um typische Situationen, die Ihre Grübelgedanken auslösen können. Außerdem sind Sie dabei, ungünstige Denkmuster aufzudecken, die Ihr Grübeln begünstigen. Auf welche Grübelverstärker wollen Sie zukünftig besonders achtgeben? Sobald Sie sich beim Grübeln erwischen, überlegen Sie, wodurch es ausgelöst wurde und welche Gedanken zu Ihrer pessimistischen Sicht beitragen.

Die Wunderfrage

Stellen Sie sich vor, Sie wären über Nacht ein für alle Mal von Ihren Grübelgedanken befreit worden, einfach so. Nie wieder würden Sie sich in negativen Gedankenschleifen verfangen, egal, was der Tag an Herausforderungen mit sich bringt.

- Wie würden Sie sich fühlen?
- Was würden Sie anders machen?
- Was würde diese Veränderung für Ihren Alltag bedeuten?
- Womit würden Sie sich gedanklich stattdessen beschäftigen?

Versuchen Sie, sich in diese Vorstellung hineinzuversetzen, und lassen Sie sich Zeit. Es gibt immer wieder Momente in Ihrem Leben, in denen Sie Leichtigkeit kennenlernen. Zeiten, in denen Sie sich innerlich klar, motiviert und zuversichtlich fühlen. Vergegenwärtigen Sie sich diese erlebten Augenblicke, falls Ihnen die Beantwortung der Fragen momentan schwerfällt. Vielleicht war es ein ausgelassener Moment mit lieben Freunden? Ein beruflicher Erfolg? Ein unvergesslicher Urlaub?

FAZIT Die Auseinandersetzung mit der Wunderfrage dient als erster Brückenschlag zu Ihren Vorstellungen und Ideen, wie sich ein Leben ohne Grübelgedanken anfühlen könnte.

Allzweckwaffe Gedankenstopp

Sollten Sie sich bei einem Grübelanfall erwischen, so haben Sie das Grübelkarussell bereits bestiegen. Aber: Pluspunkt für Sie, es ist Ihnen immerhin aufgefallen, da Sie mittlerweile für diesen Umstand sensibilisiert sind.

Es gibt eine Technik, die aus der Verhaltenstherapie stammt und sich „Gedankenstopp" nennt. Sie dient in erster Linie dazu, den destruktiven Gedankenfluss zu unterbrechen. So erhalten Sie die Kontrolle über das, was passiert, zurück. Sobald Sie bemerken, dass Sie grübeln, sagen Sie sich innerlich: „STOPP!" Noch besser: Sprechen Sie das Wort laut aus. Um Ihren Körper und Geist aus dem Strudel herauszureißen, können Sie das Stoppsignal mit einer zusätzlichen aktiven Handlung verbinden. Linden & Hautzinger (2011) schlagen vor, den Stopp bei exzessivem Grübeln mit einer Irritation zu koppeln, indem Sie sich zum Beispiel in den Arm kneifen. Dies soll bewirken, dass Ihr Organismus die Grübelattacke langfristig mit einem eher ungemütlichen Gefühl verbindet und sich in seinem Grübelprozess nicht mehr so pudelwohl fühlt. Der Gedankenstopp ist eine wirksame Methode für eine klare Unterbrechung des Grübelkarussells. Sie können nach dem Stoppsignal auch in die Hände klatschen, Kniebeugen machen oder das ABC auf Englisch singen. Lassen Sie Ihrer Fantasie freien Lauf.

 **FAZIT** Der Gedankenstopp unterbricht den gewohnten Grübelfluss und ist als Allzweckwaffe jederzeit einsetzbar. Je öfter Sie ihn anwenden, desto deutlicher nehmen Sie Ihre automatischen Grübelprozesse im Alltag wahr.

Anti-Grübel-To-do-Liste

Sobald Sie es geschafft haben, Ihr Grübeln zu unterbrechen, benötigen Sie eine Aktivität, in die Sie übergehen können.

Am besten eignen sich Aufgaben, die mit körperlicher Bewegung zu tun haben. Stehen Sie auf, gehen Sie bewusst einige Schritte, trinken Sie ein großes Glas Wasser, oder räumen Sie Ihren Schreibtisch auf. Legen Sie eine To-do-Liste an – mit kleinen Aufgaben, vor denen Sie sich bisher erfolgreich gedrückt haben. Wollten Sie schon letzten Monat Ihre Fenster putzen? Ist die Vereinbarung Ihres Zahnarzttermins längst überfällig? Müssten Sie Ihre Akten sortieren? Notieren Sie jede einzelne Idee. Unterteilen Sie größere Aufgaben, wie zum Beispiel den Fensterputz, in kleinere (Fenster-)Einheiten, sodass Sie nicht länger als zehn Minuten andauern. Wenn Sie das nächste Mal eine Anti-Grübel-Handlung brauchen, suchen Sie sich einen Baustein auf dieser Liste aus. Denken Sie nicht lange nach. Erledigen Sie diese eine Sache in einem überschaubaren zeitlichen Rahmen von maximal zehn Minuten.

FAZIT

Gehen Sie jedes Mal, wenn Sie sich beim Grübeln erwischen, ins Tun über. Fertigen Sie eine Anti-Grübel-To-do-Liste an. Sie unterstützt ein schnelles Umschalten von der Kopf- zur Körpertätigkeit, und fördert nebenbei die Erledigung einer Aufgabe, die sowieso überfällig ist.

Anti-Grübel-Übung 5
Achtsamkeit trainieren

Was nehmen Sie jetzt gerade mit Ihren Sinnen wahr? Was geschieht direkt um Sie herum? Nehmen Sie sich ein paar Minuten Zeit.

Das Prinzip der Achtsamkeit besteht in der Konzentration auf das, was in diesem Moment geschieht. Die Verankerung in der Gegenwart, im Jetzt, ist das Ziel. Achtsamkeitsübungen sind somit der perfekte Gegenpol zu grüblerischen Neigungen. Sie verfolgen einen Grundsatz: Annehmen, was ist. Wer achtsam wahrnimmt, bewertet nicht. Während wir es im Alltag gewohnt sind, Begebenheiten ohne Unterlass zu beurteilen, fordern uns Achtsamkeitsübungen heraus, aus diesen Denkmustern auszusteigen. Sie laden uns ein, neutral zu beobachten, was uns begegnet.

Regelmäßiges Einüben von Achtsamkeit wirkt Stress und Belastungen entgegen. Wir werden uns unserer Gedanken im Allgemeinen bewusster. Ebenso fördert es die Fähigkeit, Emotionen in verschiedenen Lebensmomenten besser regulieren zu können. Vor allem liefert es einen Anstoß, sich mit alternativen Denk- und Wahrnehmungsweisen zu beschäftigen. Daher sollte es nicht Ihr Ziel sein, so gut wie möglich darin zu werden. Es handelt sich um keinen Sport. Es wird immer wieder vorkommen, dass während der Übungen ein Grübelgedanke auftaucht. Nehmen Sie dies schlicht zur Kenntnis, und bewerten Sie es nicht. Sie sind auch hier in einer reinen Beobachterrolle. Je öfter Sie die ein oder andere Übung in Ihren Alltag integrieren, desto müheloser wird Ihnen diese Art von Umgang mit auftauchenden Grübelgedanken gelingen. Mit den vorgeschlagenen Übungen müssen Sie kein gesondertes Zeitfenster reservieren. Sie sind einfach in den Tagesablauf zu integrieren.

Und nun sind all Ihre Sinne gefragt.

Achtsamer Start in den Tag

 Wenn Sie morgens aufwachen, was sind Ihre allerersten Handlungen? Machen Sie es sich zur Gewohnheit, aus einer dieser Aktionen ein festes Achtsamkeitsritual am Morgen zu machen. Den Rollladen müssen Sie beispielsweise in jedem Falle hochziehen. Praktizieren Sie dies in einer achtsamen Haltung. Spüren Sie das Gewicht des Bandes zwischen Ihren Fingern, lauschen Sie dem Geräusch des Rollos beim Hochwandern, bemerken Sie die einzelnen Lichtstrahlen, die in das Zimmer eintreten, nehmen Sie wahr, welche Geräusche von draußen an Ihr Ohr dringen. Lassen Sie sich mehr Zeit, als Sie dafür aufwenden würden. Ein weiteres Beispiel ist das morgendliche Duschritual. Wie fühlt sich das Wasser auf Ihrer Haut an? Was riechen Sie? Was hören Sie? Sie werden bemerken: Es ist nicht leicht, sich komplett auf das Hier und Jetzt zu fokussieren. Die Gedanken werden doch wieder zum bevorstehenden Tag oder zum Frühstückstisch wandern. Das ist völlig normal. Nehmen Sie das wahr, und kehren Sie anschließend wieder zu Ihrer momentanen Tätigkeit zurück.

Sinnesübung

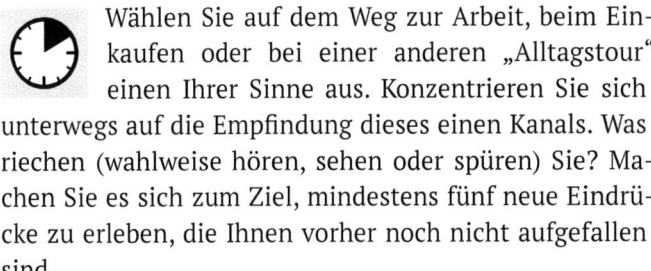 Wählen Sie auf dem Weg zur Arbeit, beim Einkaufen oder bei einer anderen „Alltagstour" einen Ihrer Sinne aus. Konzentrieren Sie sich unterwegs auf die Empfindung dieses einen Kanals. Was riechen (wahlweise hören, sehen oder spüren) Sie? Machen Sie es sich zum Ziel, mindestens fünf neue Eindrücke zu erleben, die Ihnen vorher noch nicht aufgefallen sind.

Achtsames Gehen

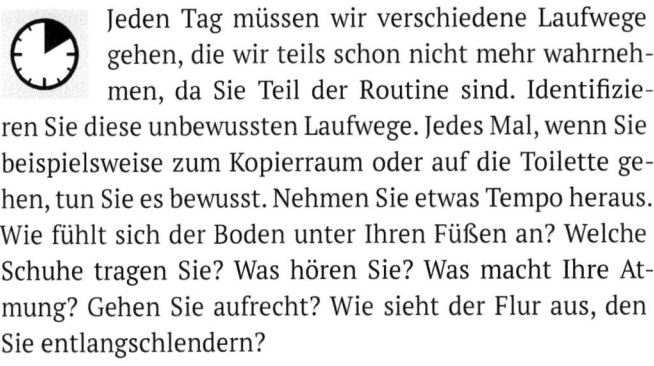 Jeden Tag müssen wir verschiedene Laufwege gehen, die wir teils schon nicht mehr wahrnehmen, da Sie Teil der Routine sind. Identifizieren Sie diese unbewussten Laufwege. Jedes Mal, wenn Sie beispielsweise zum Kopierraum oder auf die Toilette gehen, tun Sie es bewusst. Nehmen Sie etwas Tempo heraus. Wie fühlt sich der Boden unter Ihren Füßen an? Welche Schuhe tragen Sie? Was hören Sie? Was macht Ihre Atmung? Gehen Sie aufrecht? Wie sieht der Flur aus, den Sie entlangschlendern?

Achtsames Essen

Zelebrieren Sie Achtsamkeit beim Kochen und beim Verzehr Ihrer nächsten Mahlzeit. Sitzen, kauen, fühlen, trinken – wenn Sie dies achtsam tun, bleibt keine Zeit, über den anstehenden Termin nachzudenken.

Achtsamkeit im Alltag

 Sie sehen schon, die Übungen lassen sich leicht auf den Alltag ausweiten. Wenn wir Geschirr abspülen, können wir uns mit jeder Faser auf den Vorgang des Spülens konzentrieren – denn das ist es, was in diesem Moment geschieht. Kein gedankliches Springen in die Vergangenheit oder die Zukunft soll uns von dem, was jetzt gerade ist, ablenken. Die Wärme des Wassers, der Schwamm auf dem Metall der Töpfe, Essensreste geben nach und machen den Blick frei auf glänzendes Geschirr: Ihre Aufgabe ist im Moment, dies schlicht wahrzunehmen und den Moment anzunehmen. Nicht mehr und nicht weniger. Treiben Sie achtsam Sport, nehmen Sie Ihre Mitmenschen bewusst und wertfrei wahr. Nehmen Sie den Leerlaufgedanken Ihren Treibstoff, indem Sie den Raum aufmachen für das, was tatsächlich ist.

Tipp:

Jon Kabat-Zinn ist Achtsamkeitsforscher und -lehrer. Er hat wesentlich dazu beigetragen, die positiven Wirkungen des Achtsamkeitstrainings auf die menschliche Psyche bekannt zu machen. Falls Sie sich noch eingehender mit dem Thema beschäftigen wollen, finden Sie im Internet viele Videos und auch konkrete Übungsanleitungen, unter anderem von Kabat-Zinn persönlich (in englischer Sprache), aber auch von deutschen Achtsamkeitslehrern. Wenn in diesem Zusammenhang von Meditation die Rede ist, ist es für Sie vielleicht wichtig, zu wissen, dass es sich hierbei um eine wissenschaftliche Entspannungsmethode handelt, die frei von religiösen oder spirituellen Anschauungen ist.

 **FAZIT** Achtsamkeitsübungen entfalten bei regelmäßiger Anwendung eine doppelte Wirkung: Sie helfen, aus dem Zustand akuter Grübelei herauszutreten, und sie wirken vorbeugend gegen Grübelgedanken.

Flexibilitätstraining

Oft gibt es banale Grübelauslöser im Alltag. Sie kennen diese Tage: Es läuft einfach nicht rund, vom ersten Moment des Aufstehens an. Wie wäre es, wenn Sie Ihre eingefahrenen Reaktionsmuster herausfordern? Beginnen Sie in diesen Momenten, bewusst anders zu reagieren, als Sie es für gewöhnlich tun. Manchmal können uns ein verpasster Bus, ein abgefallener Knopf, ein zu Bruch gegangenes Glas oder eine simple Bemerkung eines Fremden die Laune verderben oder gar eine Grübelreaktion hervorrufen. Die Frage ist: Was wäre eine für Sie völlig untypische Reaktion hierauf? Die peruanische Nationalhymne zu pfeifen? Ihre Lieblingsfilmfigur zu zitieren? In die Hände zu klatschen?

Diese Übung kommt einer Improvisations-Übung gleich: Es geht darum, spontan, aus dem Bauch heraus, eine Alternative zu finden. Sie können diesen Teil in Ihnen spaßeshalber „Impro-Ich" nennen. Dann fällt es Ihnen vielleicht ein Stück weit leichter, von einer ärgerlichen Situation Abstand zu gewinnen. „Hey, Impro-Ich, jetzt bist du dran! Was hältst du davon?"

Kehren Sie Ihr Verhalten um. Sagen Sie spontan Dinge, die nichts mit Ihrer bisherigen Reaktion zu tun haben. Treten Sie dadurch bewusst aus dem automatisierten Ablauf „Situation-Bewertung-Reaktion" heraus, indem Sie unsinnig reagieren. Auch wenn Ihnen innerlich vielleicht gar nicht danach ist. Es ist ein kindlicher Zugang zu Ihren unerschöpflichen Verhaltensoptionen. Sie aktivieren Ihren kreativen Bereich, hebeln altes Verhalten aus und geben Ihren intuitiven Impulsen Ausdruck. Dies schafft Distanz zum Geschehen. Gleichzeitig entsteht eine neue Nähe zu Ihnen selbst. Sie spüren sich in der Situation mehr und erleben sich bei einer eigens angestoßenen Problembewältigung. Üben Sie auch in „normalen" Situationen – Sie werden sehen, wie gut es tut, ab und zu aus den gewohnten Bahnen auszubrechen. Gehen Sie wortwörtlich jene Wege, die Sie sonst nicht einschlagen würden, biegen Sie links statt rechts ab, und schauen Sie, wie sich Ihr Inneres plötzlich mit völlig neuen Inhalten füllt.

 **FAZIT** Knüpfen Sie Freundschaft mit jenem Teil in Ihnen, der weiß, was es heißt, zu improvisieren. Üben Sie mit Ihrem „Impro-Ich" am Anfang in Alltagsmomenten, in denen Sie nicht grübeln. Durch Ihr neuartiges Verhalten können Situationen besser akzeptiert und schneller abgeschlossen werden. Versuchen Sie, die Übung später auch in Situationen einzusetzen, in denen Sie bisher drohten, ins Grübeln zu verfallen.

Grübelauszeit

Möglicherweise handelt es sich bei Ihnen um sehr hartnäckige Grübelattacken, die sich nicht immer mit den bisherigen Übungen im Zaum halten lassen. Ging es bis jetzt um eine Unterbrechung der Gedanken und eine neue Fokussierung, erlauben Sie sich in der folgenden Übung explizit, Ihren eigensinnigen Grübelgedanken nachzugehen.

Wählen Sie eine Sitzgelegenheit, auf der Sie ab jetzt offiziell grübeln dürfen. Der Ort sollte nicht zu komfortabel sein (auf keinen Fall im Bett oder auf dem Sofa), immerhin wird hier fortan gearbeitet. Eine Idee ist daher der Grübelstuhl. Nur, wenn Sie hier sitzen, ist Grübeln erlaubt. So unbequem beispielsweise der Küchenstuhl auch ist, gegrübelt wird ab jetzt nur noch hier. Erlauben Sie Ihrem Geist, dass er grübeln darf, wenn Sie das Grübeln nicht stoppen können. Setzen Sie sich auf Ihren Grübelstuhl und grübeln Sie. Damit brechen Sie mit dem gewohnten Muster, dass Sie es überall dürfen. Es wird Ihnen irgendwann zu langweilig werden. Sie können aufstehen, aber Achtung: Grübeln ist dann wiederum verboten. Limitieren Sie Ihre spontanen Grübelattacken zeitlich. Achten Sie stets darauf, dass die Grübeldauer fünf Minuten nicht übersteigt. Stellen Sie sich zum Beispiel den Handywecker.

Durch die Grübelauszeit haben Sie sich bereits eine gewisse Kontrolle zurückerobert. Probieren Sie anschließend, fixe Zeiten einzuführen, und verhandeln Sie mit

Ihren Grübelgedanken. Nur noch zu bestimmten Zeiten „dürfen" Sie auf den Grübelstuhl – für eine maximale Länge von fünf Minuten. Sollten im Alltag Grübelgedanken aufkommen, verschieben Sie diese aktiv auf Ihre persönlich eingeplante Grübelzeit, zum Beispiel abends um neunzehn Uhr. Sagen Sie sich: „Ich kümmere mich um euch Gedanken zu diesem festen Termin!" Wird die Grübelattacke so stark, dass sie sich nicht auf die geplante Grübelauszeit verschieben lässt, suchen Sie wieder sofort Ihren Grübelstuhl auf. Grübeln Sie erneut maximal fünf Minuten und suchen Sie sich anschließend eine aktive Betätigung.

FAZIT Die Grübelauszeit besteht aus einem festen Grübeltermin mit der begrenzten Dauer von fünf Minuten auf Ihrem Grübelstuhl. Wenn sich ein Grübelgedanke ankündigt, wird er innerlich auf den Grübeltermin verschoben. Bleibt der Gedanke hartnäckig, wird der Grübelort sofort aufgesucht. Diese Auszeit dient dazu, mit der Gewohnheit, die dem Grübeln innewohnt, zu brechen. Sie erlauben sich das Grübeln explizit, jedoch unter Ihren Bedingungen. Sie nehmen sich hierdurch den Druck, nie wieder Grübeln zu dürfen. Ihre automatischen Gedanken werden in einen festen Rahmen verwiesen, und Sie behalten die Kontrolle.

Distanzübungen

Das Ziel der folgenden Distanzübungen ist es, die Gedanken zuzulassen und ihnen gleichzeitig weniger Bedeutung beizumessen. Mit ihnen üben Sie sich darin, Grübelgedanken zu tolerieren, ohne dass Sie von ihnen in eine negative Spirale hineingezogen werden. Das Prinzip dahinter ist, wie bei den Achtsamkeitsübungen, die wertfreie Beobachtung.

Auf Grübelsafari

 Mit der Eingangsübung machen Sie sich für eine neue Haltung Ihren Gedanken gegenüber stark. Üben Sie im „Trockenen", also in Momenten des Nicht-Grübelns, bevor Sie es auch in Grübelmomenten anwenden. Stellen Sie sich vor, Sie sind ein Tourist, mit Fotoapparat im Gepäck und wollen Ihre Gedanken dokumentieren. Gehen Sie auf Gedanken- bzw. Grübelsafari. Sie sind ein Forscher und erkunden Ihr Gedanken-Revier. Erweisen Sie sich dabei einen Gefallen: Versuchen Sie, nicht zu bewerten, was Sie dort beobachten. Bleiben Sie neutral. Nehmen Sie schlicht zur Kenntnis, dass dieser oder jener Gedanke gerade da ist. Sehen Sie sich weiter um, und gehen Sie zum nächsten Gedanken über. Denken Sie innerlich: „Ah! Jetzt denke ich gerade, dass ..." Allein durch diesen vorgeschobenen Halbsatz machen Sie sich innerlich bewusst, dass es „nur" Gedanken sind, an denen Sie im Moment vorbei schlendern.

Distanz durch lautes Aussprechen

In einer weiteren Übung sprechen Sie laut aus, was in Ihrem Kopf vorgeht. Sie werden dabei gezwungen, sinnvolle Sätze zu bilden, deren Inhalt Sie allein durch das Aussprechen auf Logik und Realitätsgehalt überprüfen. Zudem machen Sie sich bewusst, dass Sie es – wieder einmal – „nur" mit Gedanken zu tun haben. Probieren Sie es aus! Sie werden sich vielleicht eher albern vorkommen. Genau das hilft Ihnen, sich zu distanzieren.

Wenn Grübelgedanken aufkommen, lassen Sie diese zu – doch sprechen Sie diese laut aus!

Beginnen Sie jeden Satz mit den Worten: „Ich habe den Gedanken, dass …"

Distanz durch Schreiben

 Halten Sie Ihren inneren Konfliktdialog schriftlich fest, anstatt darüber nachzudenken. Wenn Sie den Versuch unternehmen, werden Sie feststellen, dass Sie die Schriftform zwingt, sich konkreter mit Ihrem Thema auseinanderzusetzen. Zudem erfordert sie Strukturierung. Unterstützen Sie den Prozess, indem Sie die Textlänge limitieren. Nutzen Sie maximal eine halbe DIN-A4-Seite, um Ihr Problem aufzuschreiben. Wenn Sie nur drei Sätze brauchen, umso besser.

Beschreiben Sie Ihr Grübelthema mit einem Anfang (Was war der Auslöser?), einem Mittelteil (Was macht das mit mir?) und einem Schluss (Gibt es eine Art Fazit oder einen Ausblick?). So, als würden Sie es anschließend jemandem geben wollen, der Ihr Problem nachvollziehen soll.

Distanz durch Kommentieren

 Versuchen Sie, Ihre ausgesprochenen oder notierten Gedanken zu kommentieren. Und zwar aus der Perspektive eines Dritten. Denken Sie zum Beispiel an Ihren besten Freund/Ihre beste Freundin. Oder an Ihr Vorbild. Vielleicht gibt es einen Menschen, dem Sie richtig gern zuhören, dem Sie für seine Weisheit, Weitsicht oder Demut im Leben großen Respekt zollen. Oder finden Sie sich in einer Romanfigur wieder? Stellen Sie sich also vor, diese andere Person spricht mit Ihnen. Was würde sie zu Ihnen und Ihren Grübelgedanken sagen? Sprechen Sie mit sich selbst in der dritten Person: „Ja, also das ist mir jetzt ein wenig zu pessimistisch gedacht, du solltest einsehen, dass du noch nicht alles probiert

hast ... Und was soll passieren, wenn es nicht klappt?...
Ach, du weißt doch selbst, dass das nicht stimmt ... Ich
mag dich sehr, aber hier machst du dich kleiner, als du
bist ... Jetzt glaube auch mal an dich!"

Distanz durch Spiegelübung

 Kurz und knapp: Tauchen Grübelgedanken auf,
von denen Sie sich nicht ablenken lassen kön-
nen, lassen Sie sie zu. Allerdings nur, wenn Sie
sich währenddessen im Spiegel betrachten. Finden Sie
selbst heraus, was mit Ihnen und Ihren Grübelgedanken
passiert, wenn Sie sich dabei selbst von außen betrachten.

FAZIT Nehmen Sie mithilfe der Distanz-Übungen den
Gedanken ihre scheinbare Wichtigkeit. Aktuelle
Gedanken sind stets ein minimaler Ausschnitt
von Abertausenden von Hirn-Fabrikaten eines
Tages. Sie kommen und gehen, sie sind flüchtig
und müssen uns nicht zwangsläufig beeinflussen,
wenn wir lernen, sie lediglich zu beobachten.

Zusammenfassung

Die Methode des Gedanken-Stopps unterbricht den Grübelfluss. Anschließende Aktivität mithilfe der Anti-Grübel-To-do-Liste beugt einem sofortigen Rückfall vor. Achtsamkeitsübungen helfen, Grübelgedanken an der Entstehung zu hindern, und fördern die Verankerung in der Gegenwart. Das Flexibilitätstraining ist eine Übung, die gewohnte Reaktionsmuster sprengt und uns herausfordert, Alltagskonflikte improvisierend und mit einer Prise Humor anzugehen. Mit der Grübelauszeit räumen wir dem Grübeln eine fest reservierte Zeit ein. Auch der Grübelstuhl dient der aktiven Abtrennung des gedanklichen Karussells vom restlichen Alltagsgeschehen und kann auch im Akutfall aufgesucht werden. Beide Übungen helfen bei starkem Grübeldrang, die Kontrolle über die Gedanken zu bewahren. Das wertfreie Äußern der Grübelgedanken, indem sie laut ausgesprochen oder aufgeschrieben werden, schafft Distanz zum Grübelgeschehen. Das Kommentieren aus Sicht eines uns wichtigen Menschen kann unser Sichtfeld auf ein Thema erweitern. In der Spiegelübung betrachten wir uns selbst beim Grübelprozess und verschaffen uns durch unsere eigene visuelle Präsenz Distanz zu unseren Gedanken.

Mithilfe der hier beschriebenen Methoden werden Sie immer frühzeitiger erkennen, *dass* Sie sich zum Grübeln haben hinreißen lassen. Je mehr Sie üben, desto mehr schulen Sie die Wahrnehmung und Beobachtung Ihrer eigenen Gedanken. Sie werden mit der Zeit auch den Punkt wahrnehmen, kurz *bevor* Sie sich in die Spirale ziehen lassen. Die Erkenntnis kommt: *„Jetzt ist der Moment, in dem ich normalerweise grübeln würde.“* Das können Sie sich tatsächlich als Ziel für die Arbeit mit diesem Kapitel setzen. Wenn Sie es schaffen, diesen Punkt wahrzunehmen, haben Sie bereits viel an sich gearbeitet und können das als entscheidenden Erfolg feiern.

TEIL 3
KONFLIKTE ANGEHEN

Es folgen nun Übungen zur Auseinandersetzung mit dem Thema Konfliktlösung. Da Grübeln passiv macht und uns Lösungswegen gegenüber blind werden lässt, ist der geneigte Grübler in konkreten Konfliktsituationen nicht selten überfordert und verfällt zunächst einmal in das alte Muster, das Leerlauf-Nachdenken. Das nachfolgende Kapitel soll Sie anregen, sich mit Ihren Gestaltungsmöglichkeiten im Leben auseinanderzusetzen. Selbst in Konfliktsituationen, mit denen wir Tag für Tag unausweichlich konfrontiert sind, kann das Potenzial stecken, die Dinge nach Ihrer persönlichen Auffassung zu gestalten, innerlich zu wachsen und Ihre Grundüberzeugungen auszuleben.

Was tun, wenn wir bemerken, dass wir einer Auseinandersetzung aus dem Weg gehen? Was passiert, wenn wir unwiderruflichen Tatsachen ins Auge sehen müssen? Wie gelangen wir zu einer Lösung, wenn wir nicht wissen, für welchen Weg wir uns entscheiden sollen? Ein bunt gemischtes Potpourri an Übungen wartet auf Sie.

Den Konflikt benennen

Wir beginnen mit der einfachen Frage danach, wie ein Konflikt eigentlich entsteht. Die Ursache liegt in zwei Welten, die uns vor eine Zerreißprobe stellen.

Auf der einen Seite existiert unsere „Wunsch-Welt". Sie beherbergt individuelle Wünsche, Bedürfnisse und Annahmen über die Welt. Es geht uns prima, wenn die Dinge nach den Regeln unserer Wunsch-Welt laufen. Doch die Erfüllung dieser Wünsche ist von situativen Umständen oder Mitmenschen abhängig. Daher funktioniert nicht alles so, wie von uns erhofft. Es gibt die unbestechliche Realität, die der Wunsch-Welt gegenüber steht. Diesen Gegenpol zu unserer Wunschwelt nennen wir die „So-ist-es-Welt".

Wenn wir uns etwas wünschen, das momentan nicht möglich ist, oder etwas passiert, was gegen unsere Wunschvorstellung läuft, geraten wir in einen Konflikt. Die beiden Welten scheinen unvereinbar. Bei einem solchen Dilemma gehen unsere Alarmglocken los: Was bedeutet das nun für mich? Wie soll ich mich jetzt verhalten?

Konflikte entstehen also, weil wir eine Disharmonie spüren – zwischen der Welt, wie sie ist, und unserer Vorstellung davon, wie sie sein sollte. Es entsteht eine Spannung zwischen den beiden Polen. Das Grübeln ist ein Versuch unseres Denkapparates, diese Spannung abzubauen. Damit Sie sich anstelle des Grübelns einer Lösung annähern, ist es notwendig, den Konflikt genau zu kennen. Sie müssen hierfür also Ihre persönlichen Wünsche und Erwartungen, aber auch die realitätsbedingten Einschränkungen benennen können.

Sie haben eine bestimmte Vorstellung davon, wie die Dinge momentan laufen sollen, doch etwas oder jemand schießt quer. Definieren Sie diese beiden Seiten, die Sie in einen inneren Konflikt bringen.

Übung zur Benennung Ihres Konflikts
- Um welches Thema handelt es sich?
- Was ist Ihr Wunsch bezüglich dieses Themas?
- Was läuft/lief diesem Wunsch entgegen?

FAZIT

Üben Sie sich darin, Ihren konkreten Konflikt zu benennen. Spüren und akzeptieren Sie, dass der Spannungszustand Ihres Konflikts im Moment vorhanden ist. Ihre Psyche wünscht sich eine Auflösung, um wieder ins Gleichgewicht zu gelangen. Machen Sie sich bewusst, dass Sie nun einen Weg finden wollen, mit dieser Spannung umzugehen.

Einschätzung des Konflikttyps

Schauen Sie sich Ihren aktuellen Konflikt an: Ist es Ihnen möglich, an der Situation etwas zu ändern? Haben Sie die Möglichkeit, einzuschreiten oder zumindest für sich und Ihre Wünsche einzustehen? Häufig scheuen wir uns davor, Konflikte aktiv auszutragen und an die richtige Stelle zu adressieren – vor allem, wenn dies eine Auseinandersetzung im zwischenmenschlichen Bereich bedeutet oder das Thema unangenehm ist. Vielleicht stellen Sie aber auch fest, dass Ihre Einflussmöglichkeit auf die Situation sehr begrenzt ist. Es handelt sich um eine Tatsache, an der nicht zu rütteln ist. Beispielsweise eine verpasste Chance, die bereits in der Vergangenheit liegt, oder die Tatsache, dass sich ein Mitmensch anders verhält, als Sie es sich wünschen. Es gilt also künftig, Ihr Grübeln anhand folgender Konflikttypen zu unterscheiden:

Lösbarer Konflikt: Sie grübeln, weil Sie sich vor einer Auseinandersetzung scheuen oder nicht wissen, wie Sie sich verhalten sollen. Sie sind dann ein Vermeidungsgrübler.

Nicht lösbarer Konflikt: Sie grübeln, weil Sie an einer Situation definitiv nichts ändern können, weil Sie zum Beispiel in der Vergangenheit liegt. Sie sind dann ein Verarbeitungsgrübler.

Bei einem lösbaren Konflikt geht es darum, die Vermeidung aufzugeben, Einfluss auf die So-ist-es-Welt zu nehmen, in Verhandlungen zu gehen und für die eigenen Vorstellungen einzustehen. Es gilt, herauszufinden, wo und wie Sie etwas verändern, ansprechen und klären können.

Bei einem nicht lösbaren Konflikt geht es darum, einen Umgang mit einer unveränderbaren Situation zu finden. Das bedeutet, einen Weg zu entdecken, die enttäuschte Wunsch-Welt zu trösten und mit der Situation fertigzuwerden. Das bedeutet im Übrigen keinesfalls, dass Sie zur Inaktivität verdonnert sind.

Was die Lösbarkeit eines Konflikts angeht, so gibt es natürlich auch Mischformen: Bestimmte Aspekte einer Situation sind nicht zu ändern, einen gewissen Einfluss haben Sie aber dennoch – eine Art Kompromiss beider Herangehensweisen wird erforderlich. Schulen Sie daher Ihr Auge für veränderbare und nicht veränderbare Anteile Ihres Konflikts. Ein Beispiel für eine solche Mischform ist das Thema Abgrenzung. Nehmen Sie die übergriffige Großtante, die sich in jedes Gespräch ungefragt einmischt. Die Art Ihrer Großtante werden Sie nicht ändern können, doch Sie selbst sind imstande, sich besser von ihr abzugrenzen, indem Sie zum Beispiel beschließen, die Besuchsdauer zu reduzieren, weniger persönliche Details zu erzählen oder sich auf das Gespräch mit anderen Anwesenden zu konzentrieren.

FAZIT Setzen Sie sich mit der Frage auseinander, ob es sich aktuell um einen lösbaren Konflikt handelt, oder ob der Konflikt als solches nicht zu lösen ist. Vielleicht handelt es sich auch um eine Mischform?

Konfrontation statt Isolation

Als Vermeidungsgrübler scheuen wir die für die Lösung unseres Konflikts notwendigen Schritte. Mit Vermeidung versuchen wir, bestimmten Auswirkungen aus dem Weg zu gehen, vor allem möchten wir negative Konsequenzen und damit einhergehende unangenehme Gefühle verhindern. Diese Art Flucht, aus Angst vor schlechten Erfahrungen, schafft eine kurzfristige Linderung. Langfristig gesehen engt Vermeidung unseren Handlungsspielraum ein. Wer vermeidet, gibt freiwillig Kontrolle über die Geschehnisse ab. Es folgt keine Beurteilung, ob eine potenzielle Bedrohung wirklich vorhanden ist. Die Möglichkeit, neue Strategien zu erlernen, wird verhindert. Vermeidungsverhalten kostet zu allem Überfluss Energie. Je öfter wir etwas vermeiden, desto größer wird die Hemmschwelle und die Angst vor dem Konflikt. Die Unzufriedenheit steigt, denn die eigenen Wünsche werden bei dieser Reaktion auf ein äußeres Ereignis nicht berücksichtigt.

Das Motto, das sich aus diesen Tatsachen für uns Gedankenzähmer ergibt, lautet: „Konfrontation statt Isolation." Wir werden uns stellen müssen, um zu einer zufriedenstellenden Lösung zu gelangen. Es gilt, das langfristige Ziel im Auge zu behalten: Erst durch einen aktiven Umgang kann ein Konflikt seine Bedrohlichkeit verlieren und nach unseren Maßstäben mitgestaltet werden. Anstatt zum Gejagten zu werden, werden wir zum Jäger. Lassen Sie uns also die Auseinandersetzung suchen.

Was haben wir davon? Je öfter wir uns einer Sache stellen, desto mehr trauen wir uns auch zukünftig zu. Das Feedback, das wir durch unser aktives Verhalten ernten, füllt unseren Tank an Selbstvertrauen. Nehmen Sie Ihre Angst vor negativen Gefühlen mit, und sehen Sie sie als normal an. Seien Sie sich gewiss: Sobald Sie mitten in der Situation sind, wird es sich anders anfühlen, als Sie es in Gedanken vorweggenommen haben. Das liegt zum einen daran, dass negative Gefühle in der Vorstellung aufgebauscht werden, zum anderen, dass die Realität eben doch oft anders abläuft. Außerdem greifen in der akuten Situation Ihre persönlichen Bewältigungsstrategien – das bedeutet, dass Sie Ihren Weg finden, mit dem Moment umzugehen. Erst wenn alles vorbei ist, dringt oft die Erkenntnis durch: *„Nun ja, ganz so schlimm war es auch wieder nicht."*

Vermeidungsverhalten gehört zum Menschsein dazu. Dort, wo es uns keine Probleme macht, ist Vermeidung völlig in Ordnung – im Sinne eines kräftesparenden Energieeinsatzes. Zum Problem wird es erst dann, wenn wir damit unsere Ziele torpedieren.

Übung

 Um in das Thema einzusteigen, können Sie sich im Alltag selbst beobachten: Gibt es Situationen, Menschen oder Orte, die Sie lieber meiden, als sich ihnen zu stellen? Welche Vorteile bringt Ihnen die Vermeidung? Erkennen Sie in manchen Momenten auch Nachteile, die sich durch Ihr Verhalten ergeben?

FAZIT

Der Wunsch nach Sicherheit, positiven Gefühlen und sparsamem Energieeinsatz kann zu Vermeidungsverhalten führen. Unsicherheit und Unbehagen sind normale Begleiter, wenn wir auf unserem Weg Hindernisse angehen. Sich ihnen prompt zu stellen, verhindert, dass sich negative Gefühle anhäufen. Halten Sie stattdessen nach Lösungen Ausschau. Aktives Handeln vermehrt unsere Bewältigungsstrategien. Wir zeigen der Welt und uns selbst außerdem, was uns wichtig ist.

Fokussierung und Absprung

Wie viel Zeit verbringen Sie damit, über das bestehende Problem nachzudenken? Wie viel Zeit beansprucht dagegen die Suche nach Lösungswegen? Wahrscheinlich werden Sie ein Ungleichgewicht feststellen.

Versuchen Sie, entgegen der Grübelgewohnheit, Ihren Fokus auf jene Gedanken zu setzen, die sich damit beschäftigen, wie Sie sich in der Situation verhalten möchten. Im Zentrum stehen jetzt Taten. Was will ich? Was kann ich heute tun, um mit dem Thema umzugehen? Wo kann ich etwas klären oder nachfragen? Wie setze ich meine Meinung konkret in Handeln um?

Mit diesen Fragen bringen Sie den Stein ins Rollen und Bewegung in Ihren Konflikt. Ab diesem Moment handelt es sich **nicht mehr um ein unveränderliches Problem, sondern um eine Situation, auf die Einfluss genommen werden kann.**

Vergleichen Sie Ihre Situation mit dem Ausharren auf einem Startblock am Rande eines Schwimmbeckens. Was jetzt folgt, ist der Sprung ins kalte Wasser. Gehen Sie diesen ersten Schritt. Springen Sie hinein. Jetzt. Sie werden den ersten Kälteschock schnell überwunden haben, wenn Sie sofort damit beginnen, sich zu bewegen. Es wird Ihnen warm werden. Sie werden gar nicht anders können, als sich in der neu kreierten Situation zurechtzufinden. Das liegt in der Natur des Menschen.

 **FAZIT**

Übernehmen Sie Verantwortung für Ihr Problem, indem Sie mitten in das Konfliktbecken hineinspringen. Aus freiwilligen Stücken. Anstatt über die Kälte des Wassers nachzudenken, überlegen Sie, auf welche Weise Sie ans Ufer auf der gegenüberliegenden Seite gelangen möchten. Welche Utensilien benötigen Sie? Welche Geschwindigkeit bevorzugen Sie? Möchten Sie einen Zwischenstopp einlegen? Gibt es andere Leute im Becken – und könnten Sie sich gegenseitig unterstützen?

Systematisches Problem- lösen

Möglicherweise denken Sie jetzt: *„Das liest sich ja alles schön und gut, aber ich weiß trotzdem noch nicht, wie ich mich konkret verhalten soll."* Dann macht es vielleicht Sinn, sich dem Problem mit einer systematischen Herangehensweise zu stellen. D'Zurilla und Goldfried (1971) beschrieben in den Siebzigerjahren ein ursprünglich fünfstufiges Problemlösetraining. Bis heute ist es Bestandteil der kognitiven Verhaltenstherapie und wird in Fachbüchern zum Thema eingehend beschrieben (siehe Wiedemann & Fischer, 2013). Es handelt sich um eine strukturierte Methode, Konflikte anzugehen. Es fordert auf, sich systematisch mit Lösungsansätzen auseinanderzusetzen. Dieses Training, das im therapeutischen Kontext intensiv angeleitet wird, können wir im Grübelalltag auch für unsere aktive Konfliktlösung nutzen. Hier ist ebenfalls voller Einsatz gefragt. Die zentrale Frage lautet nach wie vor: Was kann ich selbst beitragen, um die Situation mitzugestalten und meine Vorstellungen einzubringen? Wenn Sie ein Vermeidungsgrübler sind, kann Ihnen die nachfolgende Methode helfen, sich einer Sache nach Anleitung zu stellen. Sie nehmen durch die einzelnen Schritte eine aktive Haltung ein. Während Sie sich zuvor einer Situation möglicherweise ausgeliefert gefühlt haben, zeigen Sie sich selbst mit dieser Übung, dass Sie mitentscheiden, wie es nun weitergeht. Sie erarbeiten sich Ihren eigenen Umgang mit der Thematik.

Das Problemlösetraining besteht aus folgenden Schritten:

- Wir überprüfen unsere Einstellung dem Problem gegenüber.
- Wir beschreiben unser Problem detailliert und gliedern es in Teilbereiche.
- Wir machen uns bewusst, welche Ziele wir verfolgen – langfristig und kurzfristig.
- Wir überlegen uns Handlungsmöglichkeiten.
- Wir entscheiden uns zunächst für eine dieser Handlungen.
- Wir führen sie aus und überprüfen das Ergebnis.

Befinden Sie sich in einem akuten Konflikt und wissen nicht weiter, nehmen Sie sich ausreichend Zeit, diese Schritte durchzugehen. Halten Sie Stift und Papier bereit.

1. Ihre Haltung dem Problem gegenüber

Im ersten Schritt geht es darum, dass Sie eine konstruktive Sicht auf das Problemlösen als solches entwickeln. Konflikte anzugehen, mag „lästig" erscheinen oder gar bedrohlich. Innerlich ist allein die Tatsache, einem Problem gegenüberzustehen, mit einem negativen Grundgefühl verknüpft. Das lässt sich ändern. Dahinter steckt wieder einmal die Angst, zu versagen oder an dem Problem zu scheitern. Automatisch gehen wir lieber in Deckung und wollen das Ganze besser vermeiden. Machen Sie sich bewusst, dass es momentan um die Herausforderung geht, einen guten Umgang mit Ihrem Konflikt zu finden. Es geht um Ihre Entscheidung, dies aktiv und aus freien Stücken zu tun. Sagen Sie sich: „Ja, ich will etwas tun!" Ein unangenehmes Gefühl ist in Ordnung, darf uns aber nicht am Problemlösen hindern.

Würde es nicht viel weniger Energie kosten, wenn Sie ein Problem angingen, weil Sie es sich zum Ziel gemacht haben, anstatt dies nur zögerlich zu tun, weil die Umstände Sie dazu zwingen? Was glauben Sie, auf welche Weise Sie mehr Lösungswege finden werden?

Vielleicht bemerken Sie, dass sich etwas in Ihnen noch immer sträubt. *„Von wegen: Ich will was tun! Ich will das überhaupt nicht!"* Ein simpler Trick lautet: Tun Sie so, als ob! Schauspielern Sie jetzt. Tun Sie so, als ob Sie offen für eine Lösung wären, als ob Sie jetzt aktiv sein wollten. Tun Sie, als ob Sie Lust hätten, den Konflikt anzugehen. Sie nehmen damit die erste innere Hürde, bekennen sich zu Ihrem Problem und mobilisieren Energien.

Damit Sie eine positive Haltung gegenüber dem Problemlösen entwickeln, ist also die Akzeptanz wichtig, dass dieses Problem nun einmal da ist. Hierzu folgt eine kurze Geschichte:

Es war einmal ein Klient, der sich im Beratungsgespräch mit einem Berater gegen seine momentane Situation sträubte. Der Berater fragte, ob der Klient ein innerliches Bild von sich und der Situation finden könnte, das ihm verdeutlichen würde, dass er sich nun einmal mitten darin befände. Das Ziel sollte sein, sich mit den Tatsachen anzufreunden und sie nicht mit beiden Händen wegzudrücken. Der Klient antwortete, er könne versuchen, die Situation „zu umarmen". Er schloss die Augen, fühlte sich in die Vorstellung hinein und brach kurze Zeit später ab. Er sagte: „Nun ja, es ist wirklich schwer, einen Kaktus zu umarmen!" Der Klient befand sich in einem Konflikt, den er als unangenehm empfand, weil er Ängste auslöste. Berater und Klient einigten sich darauf, dass sich der Klient darauf konzentrieren sollte, die Existenz des Konflikts schlicht anzuerkennen. Der Berater fragte, ob sich der Klient vorstellen könne, sich dem Kaktus zumindest aktiv gegenüberzustellen, ihn genau anzuschauen und zu beschreiben, was er dort alles sehen konnte. Darauf konnte sich der Klient einlassen.

Ihr Kaktus, Ihr momentaner Konflikt, ist unbequem und unangenehm. Sie müssen ihn weder mögen noch „umarmen". Erkennen Sie einfach an, dass er da ist. Auf Ihrem Lebensweg werden Ihnen noch unzählige Kakteen begegnen. Sie gehören zum Leben dazu. Sie werden nun Möglichkeiten finden, diese Hürden auf Ihre persönliche Weise zu nehmen.

2. Detaillierte Konfliktbeschreibung

Ganz zu Beginn waren Sie aufgefordert, sich mit Ihrem Konflikt zu beschäftigen, es ging um folgende Fragen:

• Um welches Thema handelt es sich?
• Was ist Ihr Wunsch bezüglich dieses Themas?
• Was läuft/lief diesem Wunsch entgegen?

Ergänzen Sie nun das Kernproblem um folgende Details, und schreiben Sie dies nieder:

• Wann tritt der Konflikt auf? (Um welche Situationen handelt es sich? Wer ist involviert?)

- Welche Gedanken kommen Ihnen in diesen Situationen?
- Welche Gefühle tauchen auf?
- Was haben Sie bisher probiert, um damit umzugehen?
- Was war hilfreich, was weniger?

Nach der Beantwortung dieser Fragen haben Sie Ihren Konflikt genau analysiert und in mehrere Teilbereiche untergliedert.

3. Zielsetzungen

Es kommt nicht selten vor, dass Sie zu diesem Zeitpunkt Ihre Ziele noch nicht genau kennen. Daher geht es hier um Ihre persönlichen Zielsetzungen. Die Fragen dienen der Fokussierung und der Vorbereitung auf mögliche Konsequenzen. Folgende Fragen sind in diesem Stadium wichtig (nach Wiedermann & Fischer, 2013):

- Was möchten Sie erreichen?
- Lässt sich Ihr Ziel in sogenannte Unterziele zerlegen?
- Was wäre ein kurzfristiges Ziel?
- Was wäre ein längerfristiges Ziel?
- Mit welchen Folgen – positiv und negativ – rechnen Sie, wenn Sie sich vorstellen, genau dort anzukommen?
- In welcher Reihenfolge wollen Sie diese Ziele angehen?

Formulieren Sie konkrete Ziele. Vielleicht verspüren Sie beispielsweise den allgemeinen Wunsch, sich besser von Menschen abzugrenzen. Welche Unterziele können Sie hierzu finden? Je konkreter Ihre Antwort ist, desto besser.

Vielleicht fällt Ihnen der Kollege ein, der Sie bei jedem Flurtreffen, ungeachtet Ihrer Signale, zutextet. Vielleicht setzen Sie sich das konkrete Unterziel, zunächst bewusst wahrzunehmen, wann Ihnen eine Situation zu viel wird?

Machen Sie Ihre Vorsätze an präzisen Verhaltensweisen, Situationen und/oder Personen fest. Durch die Auseinandersetzung mit möglichen Folgen, sobald Sie diese Ziele erreichen, können Sie Ihr Risiko kalkulieren, aber auch dem potenziellen Gewinn Gewicht verleihen. Sie wissen nun deutlicher, womit Sie es zu tun haben werden.

4. Brainstorming

Nun beginnt die heiße Phase. Suchen Sie nach Lösungsmöglichkeiten, um Ihre Unterziele zu erreichen. Sammeln Sie Ideen, schreiben Sie sie auf, und verbieten Sie sich dabei nichts. Schauen Sie jeden einzelnen Einfall an, egal, ob er realisierbar erscheint oder nicht.

Weitere Fragen zur Anregung:
- Was hat Ihnen in der Vergangenheit geholfen, ein ähnliches Ziel zu erreichen?
- Wie haben es andere Menschen gemacht?

5. Lösungen sortieren

In diesem Schritt geht es darum, eine Rangordnung in Ihre Ideenliste zu bringen. Schauen Sie sich jeden Punkt an, und schätzen Sie ein, ob er erstens durchführbar ist (Realisierbarkeit) und ob dies zweitens für Sie momentan vorstellbar oder weniger vorstellbar ist (persönliche Präferenz).

Unterstützende Fragen zur Einschätzung der Realisierbarkeit:

- Was brauchen Sie, um die Idee umzusetzen?
- Wie gelangen Sie an benötigte Ressourcen?

Unterstützende Fragen, um herauszufinden, welche Idee den Vorzug bekommt:

- Wie könnten die Konsequenzen der jeweiligen Idee für Sie persönlich aussehen?
- Mit welchen Konsequenzen könnten Sie gut leben?

6. Entscheidung treffen

Überlegen Sie sich, welche der erarbeiteten Lösungen Sie ausprobieren wollen. Es kann sich auch um eine Kombination mehrerer Ideen handeln.

- Wann möchten Sie damit beginnen?
- Wie sieht das konkret aus?

7. Anwendung und Ergebnisüberprüfung

Wenn Sie eine Ihrer Ideen umgesetzt haben, gilt es, hinterher herauszufinden, wie zufrieden Sie damit sind. Sehen Sie nach, wie Ihr Ziel lautete, und überprüfen Sie, ob es erreicht wurde. Oder müssen Sie Ihre Marschroute vielleicht anpassen? Haben Sie Ihr Ziel wirklich konkret genug definiert? Ist ein anderer Weg doch sinnvoller? Wenn ja, geht es wieder auf Stufe 6 zurück.

Tipp

Eine lohnenswerte Variante ist die Durchführung der Übung zu zweit: Vielleicht gibt es einen vertrauensvollen Gesprächspartner, der gemeinsam mit Ihnen übt?

Ihr Gegenüber kann die Übung für eine eigene Frage-stellung nutzen. Gehen Sie die Stufen gemeinsam durch, und diskutieren Sie sie beispielsweise bei einer Tasse Kaffee.

FAZIT

Bin ich bereit, ein Problem anzugehen?
Was will ich eigentlich erreichen?
Was liegt in meiner Macht?
Wie können konkrete Schritte aussehen, um mein Problem in Angriff zu nehmen?
Mit welchem Gegenwind ist zu rechnen, was wä-ren positive Effekte?
Welche Handlung kann ich mir jetzt am ehesten vorstellen?

Dies alles sind Fragen, die es sich zu stellen lohnt. Das Problemlösetraining ist eine systematische Vorgehensweise auf dem Weg hin zur wirklichen Problemlösung. Es mag sich unnatürlich anfüh-len, so „konstruiert" mit einem Problem umzuge-hen. Doch es ist nur die Bewusstmachung jener inneren Abwägungsprozesse, die wir im Alltag andauernd anwenden. Das Problemlösetraining ist das Gegenteil des unsystematischen, automa-tischen Grübelns. Grübelgedanken haben keine Chance in dieser bewussten Auseinandersetzung mit Ihrem Konflikt. Die Übung eignet sich gut, um sie mit einem Partner durchzuführen.

Einflusslos und dennoch handlungsfähig

Es gibt auch Situationen im Leben, an denen wir nicht rütteln können. Denken wir an eine Begebenheit, die in der Vergangenheit liegt und auf die Sie heute keinen Einfluss mehr haben. An den nicht verlängerten Arbeitsvertrag oder an andere „Endstationen", die uns den Boden unter den Füßen wegziehen. Unser Einfluss auf die Situation ist begrenzt oder nicht vorhanden, und wir müssen einen Weg finden, uns damit zurechtzufinden. Wie verarbeiten wir derartige Konflikte? Nicht hilfreich ist das Leugnen, der fruchtlose Versuch, trotzdem etwas zu verändern, oder grenzenloses Grübeln.

Die Verarbeitung besteht darin, zu versuchen, den Tatsachen ins Auge zu sehen, mit den unangenehmen Gefühlen, die durch den Konflikt entstehen, umzugehen und uns Handlungsmöglichkeiten zu erarbeiten, die uns ablenken, guttun oder unser Bedürfnis auf alternative Weise befriedigen. Wir analysieren, wie groß die Bedeutung des Konflikts für unser Leben wirklich ist, und schaffen es möglicherweise, seine Schärfe auf diese Art zu mildern. Wir reflektieren unsere Einstellungen der Situation gegenüber und gehen in die Aktivität. Durch diesen Prozess kann als „Nebenprodukt" eine Entwicklung angestoßen werden. Ein Bedürfnis oder ein Wunsch beginnt sich womöglich tatsächlich über die Zeit zu verändern.

Das klingt nicht nur anstrengend, das ist es zeitweise auch. Auch wenn wir an einer Situation nichts verändern können, ist es gut zu wissen, dass wir in der Lage sind, für unser Seelenheil Handlungsmöglichkeiten zu erarbeiten. Die nächsten Gedankenanstöße und Übungen sollen Sie in der Auseinandersetzung mit diesem Thema begleiten.

Erinnern wir uns an Anja aus dem Beispiel im ersten Teil des Buches. Die Tatsache, dass sie älter wird, macht sie traurig und setzt sie unter Druck. Sie versucht, zu akzeptieren, dass ihr Körper nicht mehr der einer Zwanzigjährigen ist. Dabei sieht sie allmählich ein, dass ihr der Vergleich mit jüngeren Menschen Schmerzen bereitet und sie stets als Verliererin dastehen lässt. Es ist ein unfairer Vergleich. Sie fragt sich, was sie eigentlich von sich erwartet? Doppelt so alt sein und gleich jung aussehen? Sie erkennt, dass sie sich immer mehr von sich entfernt und den Zugang zu ihren eigenen Werten verliert. Sie macht sich bewusst, dass ihr Körper sie durch all die Jahre zuverlässig getragen hat. Sie will zukünftig achtsam und respektvoll mit ihm umgehen, damit dies so bleibt. Die Traurigkeit darüber, dass sie die altersbedingten Veränderungen nicht aufhalten kann, ist trotz alledem noch da. Anja versucht, das Gefühl zu akzeptieren. Sie macht sich bewusst, welche Erkenntnisse, Stärken und Erfahrungen sie in ihrem jetzigen Altersabschnitt hinzugewonnen hat, die sie mit Anfang zwanzig noch nicht hatte.

 **FAZIT** Wenn wir bestimmte Situationen nicht ändern können, müssen wir innerlich arbeiten, um uns besser zu fühlen. Das bedeutet nicht, dass wir unsere Wünsche und Bedürfnisse ändern sollen – das wäre schlicht utopisch. Viel entscheidender ist: Mit der Arbeit an Ihren Gedanken unternehmen Sie etwas, um mit Ihrem Gefühl besser klarzukommen. Sie finden einen neuen Blickwinkel, um die Realität, so wie sie nun einmal ist, in Ihr Leben zu integrieren. Gleichzeitig nehmen Sie Ihre Bedürfnisse wahr und suchen nach Möglichkeiten, diese auf alternative Weise zu stillen.

Akzeptanz

Was also können wir tun, um mit Dingen umzugehen, die wir nicht ändern können? Mitmenschen, die uns zum Verzweifeln bringen, widerfahrene Ungerechtigkeit, Schicksalsschläge und höhere Gewalt sind, einer Lotteriezeihung gleich, allesamt Dinge, die außerhalb unserer Macht liegen. Für das (Wieder-)Erleben der eigenen Gestaltungsmöglichkeiten ist es wichtig, dies in einem ersten Schritt zu akzeptieren. Wir können andere Menschen und auch manche Umstände nicht ändern. Setzen Sie sich das Ziel, mit diesen Dingen zu leben. Das bedeutet nicht, dass wir dem Erlebten zustimmen oder wir uns machtlos ergeben – das ist ein wichtiger Punkt. Es ist kräfteschonender, wenn Sie beginnen, dessen Existenz zu akzeptieren. Leugnen wird schwer gelingen. An diesem Punkt beginnt inneres Wachstum. Denn er bringt uns dazu, etwas Unbequemes tolerieren zu können. Uns nicht unnötig aufzuregen. Neue Wege einzuschlagen und unsere Sichtweisen auf das Leben zu erweitern. In sozialen Konflikten wünschen wir uns häufig, der andere müsse sich doch nur ein wenig ändern, dann wäre alles gut. Akzeptieren Sie, dass jeder seine eigene Vorstellung von der Welt hat und diese nur selbst zu ändern vermag. Um harte Schicksalsschläge zu akzeptieren, braucht es Zeit. Geben Sie sich diese. Etwas so akzeptieren zu können, wie es ist, eröffnet auf lange Sicht einen neuen Raum an Gestaltungsmöglichkeiten, Gefühlen und Ideen.

FAZIT Gewisse Dinge entziehen sich im Alltag unserer Kontrolle. Wie sieht Ihr persönlicher Weg aus, sich mit deren Existenz zu arrangieren? Wie ist Ihnen das in der Vergangenheit gelungen?

Drei Seiten einer Medaille

Unser Gehirn filtert heraus, welche Details einer Situation wir wahrnehmen. Wenn wir es schaffen, in einer schwierigen, nicht veränderbaren Situation unseren Blick zu erweitern, könnte es dann nicht passieren, dass die Dinge in einem anderen Licht erscheinen? Es gibt eine Methode, die darauf abzielt, eine Situation aus einem anderen Blickwinkel zu betrachten, in der Psychotherapie nennt man sie „Reframing" (siehe Greve, 2013). Erlebtes wird umgedeutet, mit anderen Augen betrachtet, „in einen neuen Rahmen gesetzt". Es handelt sich um einen Rahmen, der einen größeren Ausschnitt besitzt, größere Zusammenhänge und andere Perspektiven sichtbar macht. Was wir nun vorhaben, nenne ich schlicht „Die drei Seiten einer Medaille". Es verfolgt dasselbe Prinzip. Wir wollen nichts schönreden, es ist lediglich der Versuch, sich dank einer neuen Perspektive Dinge bewusst zu machen, die man vorher so noch nicht sehen konnte. Der ursprüngliche Konflikt verliert möglicherweise an Gewicht, ihre Emotion und der Blick auf die Situation können sich verändern.

Fällt Ihnen etwas auf, wenn Sie folgende Sätze lesen?

1. Mein langjähriger Partner und ich haben uns getrennt, und es ist die schlimmste Zeit meines Lebens. Ich habe Angst und stehe völlig vor dem Nichts.
2. Wenn wir unsere Beziehung noch länger so gelebt hätten, wären wir beide noch unglücklicher geworden.

Es sind zwei Blickwinkel auf dieselbe Situation. Durch den zweiten Satz vergrößert sich unsere Sicht auf das Gesamtbild. Es ist nicht so, dass durch die zweite Aussage die erste verleugnet werden soll. Beide haben Ihre absolute Berechtigung. Es ist jedoch Ihre Entscheidung, wie ausgeglichen Sie über eine Situation denken und Ihre Aufmerksamkeit auf alle Aspekte verteilen. Wenn eine Betroffene sich stets in die Emotionen, die der erste Satz auslöst, begibt, wird sie sich schlecht fühlen. Wenn sie jedoch beginnt, andere Gesichtspunkte gelten zu lassen, wird das komplexe Ganze sichtbar. Richten Sie den Blick auf das, was in einer Situation an Möglichkeiten noch „drinsteckt", erweitern Sie Ihr Sichtfeld! Aufgrund Ihrer Grübelgewohnheit erfordert dies viel Übung, und es kann passieren, dass es sich zu Beginn unnatürlich anfühlt.

Übungen

- Welche drei Eigenschaften besitzen Sie, die Sie als negativ empfinden? Wie könnte man diese umdeuten, dass Sie nicht nur als nachteilig beurteilt werden? Welche Vorteile bringen sie?
- Wenn Sie sich das nächste Mal über eine Alltäglichkeit aufregen, versuchen Sie, diese umzudeuten. Beispiel: Sie schütten Ihren Kaffee über die frisch angezogene Bluse. Sie sagen sich: „Vielleicht ist es heute sowieso zu kalt, ich ziehe besser einen Pullover an." Der Fleck ist trotzdem noch ärgerlich, aber Sie sehen den Vorteil an der neuen Situation. Sie werden eine andere Perspektive finden!

FAZIT Eine Situation besteht immer aus mehreren Aspekten als aus denen, die wir momentan empfinden und wahrnehmen. Begeben Sie sich auf die Suche nach weiteren Perspektiven auf Ihre Lage. Es geht um eine ausgeglichene, korrigierte Wahrnehmung, nicht darum, einer Seite mehr Aufmerksamkeit zu schenken als der anderen.

Negative Gefühle aushalten

„Ich bin so wütend, bald halte ich das nicht mehr aus."
„Wenn ich traurig bin, fühle ich mich immer gleich so hilflos."
„Diese Ohnmacht frisst mich noch auf."
„Ich will mich nicht so fühlen!"
„Es tut so weh!"

Die Spannung, die aus dem Konflikt entsteht, dass wir uns etwas anderes wünschen, als es die Realität hergibt, macht sich für uns in negativen Gefühlen bemerkbar. Wir empfinden diese in der Regel als lästig und wollen sie schnell „loswerden". Wir nehmen die Situation als unangenehm wahr, weil sie mehr Energie als üblich von uns erfordert.

Ist es daher erstrebenswert, nur noch die „guten" Gefühle herstellen zu wollen?

Aggression, Wut, Trauer, Neid, Eifersucht oder Angst haben ihre Berechtigung. Sie bringen ihre eigene dynamische Energie mit sich, die Sie nutzen können. Gefühle bereichern unsere Empfindungspalette. Sie geben uns Hinweise darauf, wie wir über Sachverhalte denken und welche Werte unser Handeln leiten. „Negative" Gefühle sind zugleich Verarbeitungsstrategien und damit äußerst wichtig. Verdammen Sie sie also nicht. Es ist völlig in Ordnung und unabwendbar, sich ab und zu schlecht zu fühlen, wütend oder traurig zu sein. Je eher wir das bewusst akzeptieren, desto weniger Widerstand baut sich innerlich gegen das auf, was sowieso vorhanden ist. So akzeptieren wir uns selbst mehr und fühlen uns automatisch wohler in unserer Haut. Die unangenehmen Gefühle verlieren in dem Moment ihre Wucht, wenn Sie akzeptiert werden. Nehmen Sie sie als wichtige Hinweisgeber, die viel über Sie, Ihre Vorstellungen und Wünsche erzählen. Doch es erfordert Übung, überhaupt zu erkennen, wie man sich konkret fühlt. Und es erfordert noch mehr Übung, sich von einem Gefühl nicht gleich mitreißen zu lassen.

Die Tatsache, sich schlecht zu fühlen, muss nicht gleich den nächsten Grübelgedanken nach sich ziehen. Was tun wir also, um die nächste Fahrt mit dem Grübelkarussell zu vermeiden? Erhöhen Sie Ihre Toleranzschwelle für negative Gefühle.

Haben Sie es mit einem unangenehmen Gefühl in Ihrem momentanen Alltag zu tun? Versuchen Sie, das Gefühl zu benennen. Ist es Wut? Traurigkeit? Unsicherheit? Manchmal vermischen sich Gefühle oder kleiden sich im Gewand eines anderen Gefühls. Schauen Sie genau hin. Wenn Sie sich darüber klar werden, welche Gefühle nach Ihrer Aufmerksamkeit verlangen, wissen Sie, womit Sie es zu tun haben. Allein dieses Wissen kann das Aushalten leichter machen. Forschen Sie dann nach dem Auslöser Ihres Gefühls: *„Ja, ich bin traurig, weil ...“*

Erlauben Sie Ihrem Gefühl, mitzukommen, wenn sie zum nächsten Tagespunkt übergehen. Beobachten Sie es. Es gehört im Moment zu Ihnen und zeigt sich aus einem bestimmten Grund – daher ist es in Ordnung, sich so zu fühlen.

Verabredung mit meinem Gefühl

 Handelt es sich um ein wiederkehrendes Gefühl, können Sie ihm auch eine feste Zeit am Tag widmen, ähnlich der Grübelauszeit. Vorbei die stiefmütterliche Behandlung der ungemütlichen Gefühle. Sorgen Sie für eine zeitliche Begrenzung von maximal fünfzehn Minuten. Wenn Sie gern malen, warum malen Sie nicht ein Bild, das Ihrem Gefühl entspricht? Wenn Sie Sport treiben, nehmen Sie Ihr Gefühl mit und führen Sie Ihre Übungen so durch. Analysieren und bewerten Sie es nicht weiter, akzeptieren Sie schlicht, dass es Sie in diesem Moment begleitet. Vielleicht gelingt es Ihnen sogar, in Ordnung zu finden, dass es da ist. Beenden Sie die Verabredung mit Ihrem Gefühl nach den festgelegten fünfzehn Minuten, und verabschieden Sie sich bis zum nächsten Mal. Drohen Sie, sich in einer Grübelschleife zu verlieren, wenden Sie den Gedankenstopp an.

FAZIT Kultivieren Sie die Fähigkeit, unangenehme Gefühle zu akzeptieren. Laden Sie Ihre Empfindungen ein, vorübergehend zu verweilen. Gehen Sie in eine Aktivität über, und nehmen Sie Ihr Gefühl für maximal fünfzehn Minuten mit. Denken Sie sich nicht tiefer in das Gefühl hinein, akzeptieren Sie schlicht, dass es vorhanden ist. Tun Sie sich anschließend etwas Gutes. Anregung: „Wie kann ich heute für mich Sorge tragen, dass es mir trotz des Gefühls ein Stückchen besser geht?"

Entscheidungskonflikte

Ein weiteres Konfliktfeld ist das der Entscheidungen. Dabei geht es nicht um die Frage, welches die lösbaren und welches die nichtlösbaren Anteile sind. Konkret müssen wir uns zu einer Option unter mehreren bekennen. Eine Entscheidung zu treffen, fällt dem geneigten Grübler selten leicht. Er kann sich durch den Abwägungsprozess zwischen seinen Wahlmöglichkeiten in vertrauten Grübelgedanken verlieren. Mit den nachfolgenden Übungen können Sie Ihre aktuellen Optionen in überschaubaren Schritten unter die Lupe nehmen und sich Ihrer Ziele bewusst werden. Innere Zerrissenheit in Entscheidungsprozessen ist Ausdruck Ihrer vielfältigen Bedürfnisse. Oft erscheinen diese nicht miteinander vereinbar. Daher gilt es umso mehr, ihnen Aufmerksamkeit zu schenken. Lernen Sie, bewusst mit der Tatsache umzugehen, dass eine schwer zu fällende Entscheidung einen Kompromiss innerhalb Ihrer eigenen Bedürfnisse erfordert. Ein Teil muss vertröstet und auf andere Weise befriedigt werden. Die Übungen zielen darauf ab, jene Haltung in Ihnen zu unterstützen, die anstehende Entscheidung vor allem als Gelegenheit zu betrachten, die Umstände höchstpersönlich mitzugestalten.

Wachstum und Erfahrungs-schatz

Ähnlich wie im Kapitel zum Thema Konfliktlösung gilt auch für Ihre Entscheidungsfindung eine konstruktive Einstellung als wichtige Grundlage. Das Leben verlangt nach Entscheidungen, die Sie fällen müssen. Wie empfinden Sie demgegenüber? Verweigert sich ein Teil in Ihnen? Gibt es auch eine Stimme, die neugierig ist? Haben Sie Lust, sich aktiv mit Ihren Möglichkeiten auseinanderzusetzen? Je nachdem, ob Ihre Haltung positiv oder negativ ist, wirkt sich dies dementsprechend auf den gesamten Entscheidungsprozess aus. Entscheidungssituationen zwingen uns dazu, eine Veränderung unseres Status quo vorzunehmen. Ein Lebensbereich wird nach der Entscheidung womöglich nicht mehr so sein wie bisher. Das kann Ängste hervorrufen. Es ist unklar, ob die alte Ordnung erhalten bleibt und mit welchen unvorhersehbaren Konsequenzen zu rechnen ist. Akzeptieren Sie die Angst als kurzfristigen Begleiter in dieser Phase. Es ist in Ordnung, dass sie ihre Warnfunktion einnimmt, wir sollten ihr allerdings nicht so viel Bedeutung beimessen. Sagen Sie sich: „Alles klar, ich nehme das Signal als Motivation, mich für jene Variante einzusetzen, die mir und meinen momentanen Bedürfnissen am meisten entspricht!"

Machen Sie sich in einem kurzen Rückblick bewusst, dass Ihr Leben aus ständigem Wandel besteht. Es gibt Zeiten, die konstanter verlaufen, die jedoch immer von einer Phase abgelöst werden, in denen sich mehr Dinge verändern. Alle Entscheidungen, die Sie bisher in Ihrem Leben getroffen haben, haben Sie zu jenem Menschen geformt, der Sie heute sind. Sie haben mehr über sich und das Leben erfahren, aus Entscheidungen gelernt und eigene Maßstäbe überhaupt erst entwickeln können. Entscheidungen zu treffen, bedeutet, hinzuzulernen, neuen Erfahrungen Einlass zu gewähren, sich selbst in einem neuen Kontext zu erleben und damit letztlich zu wachsen. Dies ist die Grundeinstellung, mit der es sich lohnt, Entscheidungen anzugehen.

Übung

Wenn Sie Lust haben, zeichnen Sie doch einmal Ihren persönlichen Entscheidungsbaum: Ein Baum, der wichtige Entscheidungen in Ihrem Leben aufzeigt, die Sie als Verzweigungen im Geäst einzeichnen und beschriften. Entscheidungen, die Sie in der Vergangenheit getroffen haben und die Ihnen als wichtig oder wegweisend in Erinnerung geblieben sind. Überlegen Sie sich zu jedem Punkt, wie schwierig oder leicht Ihnen die Entscheidung gefallen ist, was Sie letztlich angetrieben hat, weiterzugehen, wo eine bewusste Entscheidung fiel oder wo diese vielleicht auch dem Zufall überlassen wurde. Wo hatten Sie Ängste und Zweifel? Wie sind Sie mit ihnen umgegangen und was ist aus ihnen geworden? Blicken Sie anschließend auf den Baum im großen Ganzen. Da kommt eine beträchtliche Summe an Entscheidungen zusammen. All diese Erfahrungen haben Sie kompetenter werden lassen, haben Ihre individuelle Sicht auf das Leben geprägt. Wenn Sie sich von einer bevorstehenden Entscheidung gelähmt fühlen, zücken Sie Ihren Entscheidungsbaum, und vergegenwärtigen Sie sich, dass, egal welche Entscheidung Sie treffen, Ihr

Baum immer weiter wachsen und an keiner Stelle stehen bleiben wird. Machen Sie sich bewusst, wie viele Entscheidungen in Ihrem Leben Sie bereits getroffen haben.

FAZIT Ihr Entscheidungsprozess beginnt mit einer Vorentscheidung: Denken Sie darüber nach, mit welcher Haltung Sie Ihre Entscheidung angehen möchten. Ist sie eher abwartend? Wehren Sie sich innerlich gegen die Tatsache, dass Sie sich entscheiden müssen? Dann verpassen Sie möglicherweise die Chance, die Umstände nach Ihren Vorstellungen mitzugestalten. Akzeptieren Sie Ihre derzeitige Entscheidungssituation, und bejahen Sie diese sogar mit Bestimmtheit. Das setzt Kräfte frei und schult Ihr Auge für den Spielraum und die Perspektiven, die in Ihren Optionen stecken.

Kenne deine Optionen

Prüfen Sie im nächsten Schritt, ob Ihnen alle Details über Ihre Entscheidungsoptionen bekannt sind. Sie benötigen konkrete Informationen, um eine befriedigende Bewertung der Alternativen vornehmen zu können. Bevor Sie sich für oder gegen etwas entscheiden: Sammeln Sie alle Informationen, die Sie über die Alternativen einholen können. Manchmal kann ein kleines Detail einen gewichtigen Unterschied machen.

- Gibt es Punkte, die bis jetzt ungeklärt sind?
- Welche Fragen sind noch offen, egal, wie unbedeutend Sie erscheinen mögen?
- Wie können Sie an die jeweilige Information gelangen?
- Wer oder was könnte Sie zusätzlich mit Hintergrundinformationen versorgen?

FAZIT Sind mit Ihren Optionen noch Fragezeichen verbunden, sammeln Sie alle Antworten – und seien sie auch noch so klein -, die Sie ausfindig machen können.

Kenne deine Bedürfnisse

Wir wollen Entscheidungen treffen, die unsere Wünsche so gut wie möglich berücksichtigen. Wir suchen nach jenem Weg, der uns am meisten entspricht. Wie meistern wir diesen Abgleich zwischen unseren Wünschen und den vorhandenen Optionen, aus denen wir nun wählen müssen? Der erste Schritt dorthin lautet: Kenne deine Bedürfnisse. Die eigenen Bedürfnisse in einer Situation zu spüren, ist die Grundvoraussetzung für eine stimmige Entscheidung. Eine Innenschau lohnt sich auch dann, wenn Sie glauben, über Ihre Bedürfnisse generell im Bilde zu sein. Tatsache ist, dass Bedürfnisse keine fixen Größen sind. Außerdem werden wir in einer konkreten Entscheidungssituation stets von gemischten Bedürfnissen angetrieben. Wenn uns eine anstehende Entscheidung hemmt und wir nicht weiterwissen, kann das mit dieser Vielzahl von variablen Bedürfnissen zu tun haben.

„Gegensätzliche" Bedürfnisse

Wir Menschen sehnen uns nach Abwechslung und lieben gleichzeitig Routine, wir wollen Menschen nahe sein und brauchen gleichzeitig unsere Freiheit. Wir wollen für uns einstehen und sind gleichzeitig auf Harmonie bedacht. Sind mehrere Bedürfnisse aktiv, fordern diese oft Verhaltensweisen, die nicht miteinander vereinbar erscheinen. Ob simple Alltagsentscheidungen oder Entscheidungen, die für Ihr Leben eine spürbare Auswirkung haben: Es wird verlangt, dass wir uns auf eine Seite schlagen. Ein Teil der Bedürfnisse bekommt, was er will, der andere Teil soll vertröstet werden. Nehmen wir beispielsweise an,

Sie müssten sich entscheiden, ob Sie einer Beförderung zustimmen. Einerseits geht der neue Job mit mehr Freiheiten einher, Sie würden Ihren bisherigen Chefs auf Augenhöhe begegnen, eine Gehaltserhöhung erhalten und mehr Anerkennung genießen, als im bisherigen Job. Auf der anderen Seite würde sich die Anzahl Ihrer Arbeitsstunden drastisch erhöhen, was Ihrem Wunsch, mehr Zeit mit Ihrer Familie zu verbringen und Ihren Hobbys nachzugehen, entgegenläuft. Die Bedürfnisse nach Anerkennung und Freiheit im Beruf stehen dem Bedürfnis nach Familienauszeit und Erholung entgegen. Was also tun?

Der Versuch, allen Bedürfnissen zu entsprechen

Egal, wie wir uns nun entscheiden, einem Teil unserer Bedürfnisse werden wir nicht gerecht werden. Selten ist es der Fall, dass eine Wahlmöglichkeit all unsere Wünsche befriedigt. Und wenn doch, erleben wir diese Situation wahrscheinlich nicht einmal als bewusste Entscheidung, sondern als völlig logische Handlung, über die wir nicht lange nachdenken müssen. Erleben wir Zerrissenheit und Zweifel, haben wir es dagegen mit Bedürfnissen zu tun, die sich nicht miteinander vertragen. Keine der vorhandenen Optionen entspricht all unseren Wünschen. Die quälende Suche nach einer Lösung, die das leisten kann, ist vergebens. Wir müssen uns also mit der Tatsache anfreunden, dass es unser Ziel ist, jene Option zu finden, die einen Teil unserer Bedürfnisse bestmöglich befriedigt.

Bauchentscheidung versus systematische Entscheidung

Der Entscheidung geht die Analyse voraus, welche Bedürfnisse momentan am stärksten ausgeprägt sind. Wir untersuchen, ob bestimmte Wünsche auch auf später vertröstet werden können, und erforschen alternative Wege der Erfüllung. Bei Alltagsentscheidungen nehmen wir diese Analyse intuitiv vor. In der Regel klappt das. Manchmal ist die Situation aber zu komplex, die Bedürfnisse zu konkurrierend oder die Angst vor einer falschen Entscheidung zu groß, als dass intuitive Bauchentscheidungen ausreichen. Nachfolgende Anregungen leiten Sie Schritt für Schritt an, Ihren eigenen Bedürfnissen auf die Spur zu kommen und so einen ersten Schritt zu gehen, um Ihren Optionen eine Gewichtung zu geben.

Fragen zur Wahrnehmung der eigenen Bedürfnisse

- Welche Gefühle entstehen, wenn Sie jeweils an Ihre Entscheidungsoptionen denken?
- Welche Wünsche könnten hinter den einzelnen Gefühlen stecken?
- Können Sie daraus Bedürfnisse ableiten? Mögliche Beispiele sind: das Bedürfnis nach Sicherheit, Verständnis, Anerkennung, Harmonie, Kreativität, Austausch, Liebe, Intimität, Rückzug, Spaß, Erholung, Freiheit, Sinn.
- Erkennen Sie darin Bedürfnisse, die gegensätzliche Entscheidungen erfordern?

Lassen Sie folgende Fragen zunächst auf sich wirken – wenn Sie noch keine Antwort darauf finden, ist das völlig in Ordnung:

- Gibt es möglicherweise ein Bedürfnis, das in dieser speziellen Situation besonders stark ist?
- Gibt es Bedürfnisse, die Sie auch an anderer Stelle, auf andere Weise, ausleben könnten? Auf deren Erfüllung Sie hier quasi „verzichten" könnten – mit der Vereinbarung, sich einen Kompromiss auszudenken, sich auf alternativem Weg um das Bedürfnis zu kümmern?
- Könnten Sie auch bewusst auf die Erfüllung eines Bedürfnisses verzichten, ohne zu wissen, ob es in nächster Zeit erfüllt werden kann? Welche Konsequenzen hätte das für Sie?

 **FAZIT** Die Auseinandersetzung mit Ihren Bedürfnissen und der Frage, welche Wichtigkeit sie in der aktuellen Lage haben, ist für Ihre Entscheidungsfindung maßgeblich.

Pro und Kontra mit Gewichtung

Bestimmt kennen Sie den Klassiker zur Entscheidungsfindung. Es bewährt sich, eine Situation nach dieser Methode zu analysieren. Alle zu berücksichtigenden Aspekte schwarz auf weiß aufzumalen, fordert Sie auf, genau hinzuschauen, um dann feine Abstufungen bezüglich der Wichtigkeit zu erkennen.

Legen Sie sich ein Notizzettel mit vier Spalten an:
Pro | Gewichtung | Kontra | Gewichtung

Überlegen Sie sich, welche Argumente für (Pro) und welche gegen (Kontra) eine Option sprechen. Gibt es mehrere Optionen (z.B. zwei Jobangebote), braucht jede Option eine eigene Liste.

Zu jedem Pro- und Kontrapunkt einer Option notieren Sie sich anschließend, wie wichtig Ihnen dieser Aspekt ist – auf einer Skala von 1 (nicht so wichtig) bis 5 (sehr wichtig). Hilfreich kann dabei eine Orientierung an Ihren vorigen Überlegungen bezüglich Ihrer Bedürfnisse sein.

Gehen Sie mit Ihrem ersten spontanen Eindruck. Bedenken Sie dabei: Das hier ist noch nicht die Abbildung Ihrer finalen Entscheidung. Die Anfertigung der Liste dient in erster Linie dazu, konstruktive Gedankenprozesse in Gang zu setzen. Ihr Eindruck darf sich auch wieder verändern. Aber entscheiden Sie sich zumindest für diesen Moment für eine Gewichtung.

Zählen Sie am Ende alle Punkte zusammen.

 **FAZIT** Jene Option, die nach obigem Pro-Kontra-Verfahren die meisten Punkte erzielt, hat im Moment für Sie die meiste Gewichtung.

„Schwanger" für einen Tag

Eben noch sind Sie systematisch vorgegangen, nun wird es intuitiv und spielerisch. Der Vorschlag: Gehen Sie einen kompletten Tag mit einer Entscheidungsvariante schwanger. Tun Sie mal wieder so, „als ob". Geben Sie vor, sich für „X" entschieden zu haben. Fühlen Sie sich vierundzwanzig Stunden in diese Variante ein. Beobachten Sie, wie Ihr Körper und Ihre Gedanken darauf reagieren, wenn Sie so tun, als hätten Sie sich auf eine Seite geschlagen. Stehen Sie am Morgen auf, und beobachten Sie, was als Nächstes passiert. Sie müssen nicht viel machen, außer sich dieser Vorstellung hinzugeben. Auch wenn sich Zweifel melden oder die andere Option nach Ihrer Aufmerksamkeit verlangt: Sie haben sich entschieden, und Sie geben diesen Stimmen keinen Raum. Beginnen Sie keinen inneren Diskurs. Vertrösten Sie die Zweifel auf den nächsten Tag. Denn dann beginnt dasselbe Spiel von vorn – dieses Mal mit der anderen Option.

Am Ende ziehen Sie Ihr Resümee. Was haben diese „Schwangerschaften" mit Ihnen gemacht? Kamen Ihnen automatisch bisher nicht beachtete Gesichtspunkte in den Sinn? Gab es Abneigungen oder Sympathien? Bei welcher der Möglichkeiten spürten Sie eine gewisse Lebendigkeit? Geben Sie sich etwas Zeit, diese beiden Tage zu „verdauen". Nicht selten passiert es, dass Sie nach dieser Erfahrung eine eindeutigere Tendenz verspüren, wohin die Reise für Sie gehen soll.

FAZIT

Bei der Übung „Schwanger" für einen Tag handelt es sich um eine intuitive Herangehensweise, die keine strukturierte Auseinandersetzung erfordert und im Alltag „nebenbei" praktiziert werden kann. Lassen Sie Ihr Unterbewusstsein für Sie arbeiten.

Weitere Entscheidungstipps

Festes Zeitlimit und Deadline

Verbringen Sie lediglich eine festgelegte Zeit am Tag mit Ihrer Entscheidungsfindung – ähnlich der Grübelauszeit. Benennen Sie diesen Tagespunkt. *Heute, 16 Uhr, 15 Minuten Entscheidungsfindung.* Ist die Zeit um, wird am nächsten Tag erneut für eine fixe Zeit nachgedacht. Dieses Limit ist wichtig. Sie signalisieren sich, dass Sie das Anliegen ernst nehmen und Ihr Leben dennoch wie immer weitergeht.

Vielleicht hilft Ihnen auch eine fiktive Deadline bei Entscheidungen, die keinen äußeren Zeitdruck verlangen. Sie können Ihren Partner einweihen oder den Termin im Kalender eintragen – mit der konkreten Anweisung, wie Sie Ihre Entscheidung an dem Tag ausführen oder einleiten wollen.

Bauchsignale

Ihr Körper trifft jeden Tag kleine „Bauchentscheidungen" und macht sich dabei mit typischen Signalen bemerkbar. Machen Sie sich diese Ratgeber-Empfindungen im Alltag bewusst – und die damit einhergehenden Entscheidungsprozesse auch. Welche Körperempfindungen geben Ihnen Orientierung vor? Wie macht sich Zustimmung, wie macht sich Ablehnung bemerkbar?

Zeit für einen Routine-Break?

Sind Sie generell ein Bauchentscheider oder ein Vernunftentscheider? Erkennen Sie in Ihren bisherigen Entscheidungen ein solches Muster? Stellen Sie sich die Frage, ob die Art Routine, die sich eingeschlichen hat, auch tatsächlich gut für Sie ist. Vielleicht ist es einmal an der Zeit, der anderen Seite mehr Raum zu verschaffen. Wenn Sie verkopft sind, zelebrieren Sie im Alltag mehr Bauchentscheidungen. Wenn Sie Dinge zu impulsiv und unüberlegt angehen, probieren Sie einmal den systematischeren Weg.

Zeitdruck

Geben Sie sich – wann immer es möglich ist – angemessen viel Zeit, um zu einer Entscheidung zu gelangen. Wenn Sie das Gefühl haben, überrumpelt zu werden und nicht richtig reagieren zu können, trainieren Sie sich an, sich mehr Zeit zu erbeten. Gleichzeitig bedeutet mehr Zeit nicht, dass Sie zu einer klügeren Entscheidung kommen. Ein gesundes Mittelmaß gibt Ihnen die Möglichkeit, tief genug in die Problematik einzutauchen, ohne sich darin zu verlieren.

Angst vor falschen Entscheidungen

Lassen Sie sich nicht lähmen von der Angst vor einem Verlust, wenn Sie sich gegen eine Sache entscheiden. Auch, wenn sich die Angst meldet, die auserwählte Option könnte sich vielleicht doch negativ auswirken, sagen Sie „STOPP!" Blicken Sie auf Ihren Entscheidungsbaum! Machen Sie sich bewusst: Es tun sich immer wieder neue Gelegenheiten auf, sich Ihren Zielen zu nähern, egal, was kommt. Seien Sie fair sich selbst gegenüber: **Sie können mit Ihrer Situation nur auf der Grundlage der momentan vorhandenen Faktoren umgehen.** Diese Faktoren können sich zukünftig verändern. Anstatt Ihre Entscheidung dann zu bereuen, gilt es im Falle des Falles, Ihr Vorgehen auf Grundlage der neuen Faktoren anzupassen.

Ich entscheide, also bin ich!

Versuchen Sie, Ihre Entscheidung als Ausdrucksmöglichkeit zu sehen. Sie zeigen sich und auch anderen, für welche Ihrer Bedürfnisse und Werte Sie einstehen. So abgedroschen der Spruch klingt: Es gibt kein Richtig und kein Falsch, es gibt Sie als Persönlichkeit, die sich zu einer bestimmten Sache bekennt.

Zusammenfassung

Wir wollen so erfolgreich wie möglich mit Konfliktsituationen umgehen. Hierfür ist es wichtig, den Konflikt konkret benennen zu können. Das Problemlösetraining bietet eine systematische Methode, um eigenen Lösungsansätzen auf die Spur zu kommen. Wenn wir gezwungen sind, bestimmte Wunschvorstellungen zu begraben, bedeutet das nicht zugleich, dass wir handlungsunfähig werden. Es braucht zwar die Akzeptanz der Realität, um uns zu arrangieren. Doch in der weiteren Auseinandersetzung geht es um eine Neubewertung der Gesamtsituation, die es uns ermöglicht, mit der Zeit weitere Perspektiven hinzuzugewinnen. Wir rücken den Fokus allmählich auf jene Dinge, die in unserer Macht stehen, und sorgen auch für einen achtsamen Umgang mit unseren Gefühlen.

An Entscheidungsprozessen wachsen wir. Nur wenn wir unsere Bedürfnisse und deren Gegensätzlichkeit kennen, können wir eine Bewertung unserer Optionen vornehmen. Die klassische Pro-Kontra-Liste bietet eine erste systematische Auseinandersetzung. Auch intuitive Übungen, wie „Schwanger" für einen Tag, helfen, innere Reflexionsprozesse anzuregen. Ein festes Zeitlimit am Tag, ein fiktiver Stichtag zur Entscheidungsfindung und das Zunutzemachen der Körpersignale helfen im Alltag. Es gilt, ebenso zu überprüfen, ob bisherige Entscheidungsmuster für Ihre Ziele hilfreich waren. Sorgen Sie für eine angemessene Bedenkzeit, sehen Sie eine getroffene Entscheidung als Ausdruck Ihrer Persönlichkeit, und stoppen Sie Ihre Sorgen mit dem Statement, dass Sie in der aktuellen Situation nach bestem Wissen und Gewissen handeln oder gehandelt haben.

TEIL 4
KONSTRUKTIVES DENKEN IM ALLTAG

Das letzte Kapitel möchte Ihnen noch ein paar Anregungen für Ihren Denkalltag mit auf den Weg geben. Die Tipps helfen, einer verzerrten Wahrnehmung vorzubeugen, und fördern lösungsorientiertes sowie versöhnliches Denken.

Alltagstipp 1
Timeout

Um zu gewährleisten, dass Gedanken produktiv bleiben, können wir in Momenten des Nachdenkens kurz innehalten und uns drei Punkte vergegenwärtigen.

- **Ziel:** Was will ich eigentlich gerade erreichen (beispielsweise mit einem Gefühl klar kommen, eine konkrete Lösung für ein bestehendes Problem finden, Stress abbauen)? Ist mir mein Ziel vielleicht noch gar nicht bewusst?
- **Fokus:** Denke ich mehr über das Problem nach oder darüber, wie ich es lösen könnte?
- **Eigenbewertung:** Wie gehe ich dabei mit mir selbst um? Bringe ich Verständnis für mich und meine Situation auf, oder urteile ich schlecht über mich?

FAZIT Wenn wir uns in einer Situation befinden, in der wir explizit über einen Sachverhalt nachdenken, können wir mithilfe des Timeouts überprüfen, ob wir Gefahr laufen, ins Grübeln abzudriften. Gleichzeitig stellen wir uns Fragen, die uns zu einem konstruktiven Umgang anregen.

Tagesbilanz

Der Tag ist vorbei, das Licht ist aus. Das abendliche Ein-
schlafritual kann für den Grübler zur Herausforderung
werden. Eigentlich ist der Körper müde, doch kaum in der
Horizontalen angelangt, beginnt das Gedankenkreisen.
Selbst wenn Sie vom abendlichen Grübeln nicht betrof-
fen sind, bietet die folgende Übung eine Gelegenheit, die
eigenen Bemühungen des Tages anzuerkennen, sich der
gelungenen Dinge bewusst zu werden und zu einen ver-
söhnlichen Abschluss zu kommen.

Vergegenwärtigen Sie sich, was an diesem Tag gut oder
zumindest akzeptabel gelaufen ist. Sie werden auch an
einem bescheidenen Tag etwas finden, das Sie kurzzeitig
auf andere Gedanken gebracht hat. Vielleicht finden Sie
eine Erkenntnis, ein Entspannungsmoment oder einen
Teilerfolg? Das Ziel der Übung ist, dass Sie sich an jenen
positiven Dingen orientieren, die tatsächlich unmittelbar
stattgefunden haben. Was hat sie bestärkt? Was erleich-
terte Ihnen den Tag? Was hat Ihnen Mut gemacht? Was
fanden Sie an Ihrem Verhalten gut? Es geht also einerseits um Dinge, die im Außen erfreulich liefen, andererseits aber auch um positive Aspekte Ihres eigenen Han-
delns.

Können Sie drei Dinge ausfindig machen?

 **FAZIT** Wenn Sie Ihren Tag mit einer versöhnlichen Bilanz beenden, fällt es nicht nur leichter, damit abzuschließen und in die Nachtruhe überzugehen, Sie trainieren nebenbei auch Ihren Denkstil, positive Alltagsdetails mit Beachtung zu würdigen, die ansonsten als selbstverständlich abgestempelt und damit unbemerkt bleiben würden.

Alltagstipp 3

Werte

Welche Ideale vertreten Sie, und welche Devise finden Sie passend für Ihre momentane Lebenssituation? Sie sind mit Ihren Erfahrungen, mit Ihren Eigenschaften einzigartig – wofür genau stehen Sie? Haben Sie das Gefühl, dass Sie diese Werte und Haltungen bereits leben?

Eine Möglichkeit, sich der jetzigen Werte bewusst zu werden, ist die, sich Ihre Mitmenschen anzusehen. Mit welchem Menschen sind Sie gern zusammen? Was ist das Angenehme an dieser Verbindung? Wie würden Sie die Prinzipien und Einstellungen beschreiben, nach denen dieser Mensch lebt?

Machen Sie sich Ihre Werte und Überzeugungen bewusst – und zwar so, dass sie präsent sind und immer wieder aktiviert werden können. Sie geben Ihnen Energie und Motivation, dranzubleiben – egal, was gerade ansteht, egal, was in der Vergangenheit liegt. Es darf gern eine Portion Humor und Leichtigkeit darinstecken. Falls Ihnen momentan nichts einfällt, befragen Sie Ihre Freunde oder suchen Sie in der Bildersuche einer Suchmaschine nach dem Begriff „Lebensmotto". Sie werden zahlreiche Vorschläge erhalten.

Sie können, wenn Sie mögen, Ihre Leitsätze als Post-its an Orte heften, an denen Sie regelmäßig vorbeikommen, passende Postkarten aufhängen, Ihren Badezimmerspiegel mit einer Lippenstiftbotschaft aufmöbeln oder das

Motto als Bildschirmschoner einrichten. Hauptsache, Sie erinnern sich an das, was Sie innerlich antreibt und welchen Unterschied Sie durch Ihre Haltung an diesem Tag machen wollen. Machen Sie es sich zur Gewohnheit, sich regelmäßig an Ihre Grundwerte und vor allem an das Lebensgefühl, das dahintersteckt, zu erinnern.

FAZIT Werte, Leitsätze und Grundüberzeugungen verleihen Orientierung. Verbannen Sie verkrustete Vorstellungen vergangener Zeiten, und passen Sie sie Ihrer jetzigen Lebensphase an. Beobachten Sie, welche Haltungen Ihnen an anderen Menschen positiv auffallen.

Alltagstipp 4
Beste Freunde

Wie gut können Sie sich selbst leiden? Sich selbst verzeihen? Über sich lachen? Für sich aufmunternde Worte finden? Kurz gesagt: Wie gut stehen Sie in Beziehung mit sich selbst? Sind Sie sich ein guter Freund? Manchmal sind die eigenen kritischen Stimmen um viele Dezibel lauter eingestellt, als die mitfühlenden. Unseren Freunden, Bekannten, ja, sogar Fremden verzeihen wir häufig mehr als uns selbst. Wir setzen für uns hohe Maßstäbe an und scheitern nicht selten an den selbst auferlegten Hürden. Wie können wir dem Perfektionisten und dem Kritiker in uns also begegnen?

Wir müssen nicht versuchen, uns grandios und über den Dingen schwebend zu finden. Beginnen wir doch mit den kleinen „Okays" im Alltag.

„Es ist okay, dass ich heute zu spät gekommen bin."
„Ich finde es okay, wie ich mich verhalten habe."
„Es ist okay, wie ich mich jetzt fühle."
„Es ist okay, dass ich heute ein bestimmtes Ziel nicht geschafft habe."
„Ich bin okay."

FAZIT Versuchen Sie, sich ein noch besserer Freund zu sein. Machen Sie sich Mut. Seien Sie fair zu sich. Und finden Sie immer wieder Dinge an sich, die Sie okay finden – okay?

Sicherheit im Inneren

Sind Sie ein gewissenhafter Mensch? Jemand, der viele Pläne macht, wenig spontan ist und seine Schritte lieber im Vorfeld durchdenkt? Mögen Sie es, zu wissen, was Sie erwartet, anstatt überrascht zu werden? Überkommt Sie manchmal das Gefühl, die Dinge so festhalten zu wollen, wie sie sind? Macht Sie die Vorstellung der Vergänglichkeit nervös? Manche Grübler sind auch gut darin, sich zu sorgen. Ihre Gedanken sind dann nicht nur auf bereits Erlebtes gerichtet, sondern auch auf das, was wohl kommen mag. Menschen, die sich Sorgen machen, wollen sich für Zukunftsszenarien wappnen. Sie erhoffen sich dadurch ein größeres Sicherheitsgefühl. Auf lange Sicht vergrößert diese Denkart jedoch die Angst. So gut, wie wir uns einerseits auf die Was-wäre-wenn-Fälle des Lebens vorbereiten können, so wenig Kontrolle haben wir letztlich darüber, ob diese auch eintreten werden. Unser Weg ist nicht vorgezeichnet, nichts bleibt so, wie es ist. Das fühlt sich ab und zu schmerzlich an. Hier sind wir wieder einmal in unserer Fähigkeit gefragt, ein unangenehmes Gefühl auszuhalten. Hinter dem Wunsch, alles festhalten zu wollen, kann also die Angst vor dem Unbekannten, vor Veränderung, stecken. Die gute Nachricht ist: Es gibt etwas, worüber Sie allein stets die Kontrolle haben – wissen Sie, was das ist?

Sie selbst sind es!

Ihre Gedanken, Ihre Werte und Leitsätze, Ihre Fähigkeiten und Veranlagungen sowie Ihr Identitätsgefühl – hierauf können Sie sich verlassen. Die Art, wie Sie mit Konflikten umgehen, wie Sie mit sich selbst in Beziehung stehen – das macht Ihre eigene Wesensart und Ihren individuellen Weg aus, durchs Leben zu gehen. Beziehungen und Begebenheiten sind dem unbestimmbaren Wandel unterworfen, jederzeit. Doch was auch immer kommen wird, Sie werden sich dabei stets auf Ihren Kern, auf sich selbst verlassen können. Auf Ihren kreativen und achtsamen Umgang mit sich selbst, auf Ihr Inneres.

Setzen wir unsere Energie also dafür ein, diesen Kern zu pflegen. Setzen wir sie dafür ein, uns seiner Existenz überhaupt bewusst zu werden. Setzen wir uns dafür ein, uns mit der Frage zu beschäftigen, mit welcher Haltung wir den heutigen Erlebnissen begegnen möchten, und nicht den morgigen. Welche akute Entscheidung wollen wir aus diesem Kern heraus fällen? Es geht dabei nicht um Erfolg oder Misserfolg. Es geht darum, zu spüren, dass Sie im großen Fluss des Lebens nicht verloren und der Witterung ausgesetzt sind, sondern, dass Sie das beste Navigationsgerät aller Zeiten bereits in sich tragen.

Sobald Sie Zukunftsängste empfinden, versuchen Sie, sich an Ihren Kern zu erinnern. Sagen Sie sich: „Ich werde immer einen Weg finden, mit Situationen und Gefühlen, die in der Zukunft liegen, umzugehen. Ich werde für mich Sorge tragen. So, wie ich es im Heute tue."

Welche Eigenschaften helfen Ihnen im Umgang mit der Achterbahnfahrt des Lebens? Worauf können Sie sich bei sich selbst stets verlassen?

 **FAZIT** Egal, was kommt, Sie werden sich auf sich verlassen können.

Alltagstipp 6

Begabungen des Grüblers

Nehmen Sie sich zu guter Letzt noch einen Moment Zeit, einen Blick auf die positiven Anlagen und Qualitäten aller Teilzeit- oder Vollzeitgrübler zu werfen. Als Grübler sind Sie ein Mensch, der sich viel mit sich selbst beschäftigt und über eigene innere Vorgänge Bescheid weiß. Sie sind tiefgründig. Damit ist gemeint, dass Sie Informationen umfassend verarbeiten und dabei eine Vielzahl von Strategien anwenden. Dabei sind Sie sehr ausdauernd. Außerdem zeigen Sie Ihre kreative Ader: Sie sind Profi darin, sich bunte Szenarien auszudenken, dabei springen Sie gedanklich sowohl in die Vergangenheit als auch in die Zukunft. Außerdem sind Sie es gewohnt, den Fokus auf innere Vorgänge zu richten.

Stimmen Sie mit mir überein? Dies sind wichtige Eigenschaften, die Sie sich zukünftig zunutze machen und für einen lösungsorientierten Gedankenfluss einsetzen können. Nutzen Sie diese Ressourcen, die Sie bereits von Natur aus mitbringen!

 **FAZIT** Setzen Sie Ihre Kreativität, Ausdauer und Innenschau für Ihre Ziele ein!

Schlusswort

Stellen Sie sich vor, Sie liegen auf einer Luftmatratze auf einem Meer voller Gedanken. Sie streifen die warmen Gedanken des Tages an der Oberfläche, paddeln sanft mit Armen und Beinen. In den tiefen Wasserregionen lauern kalte Grübelgedanken, die Sie nach unten ziehen. Ihr Luftpolster bewahrt Sie vor allzu tiefem Eintauchen in das Gedankenmeer. Es besteht aus Ihren persönlichen Erfahrungen, Erkenntnissen und Strategien. Ihre Ziele und Grundüberzeugungen geben die Richtung vor und sind für die Navigation zuständig. Schwimmen würde Sie mehr Kraft kosten und unnötige Grübelgedanken aufwirbeln. Um Ihr Tagesziel am Ufer zu erreichen, haushalten Sie mit Ihren Kräften. Sie schlagen einen zielgerichteten Kurs ein. Hier oben haben Sie einen klaren Kopf, und Sie wissen, wohin die Reise geht. Die Luftmatratze, von der hier die Rede ist, besitzen Sie bereits. Sie nutzen sie jeden Tag. Mit den beschriebenen Übungen und Denkanstößen halten Sie nun Werkzeuge in der Hand, mit deren Hilfe Sie sie weiter anreichern und auffüllen können.

Antrainierte Gedankenmuster lassen sich verändern, auch wenn es Zeit und Training benötigt. Umso wichtiger ist es, Übungen zu finden, die leicht in den Alltag zu integrieren und einfach umzusetzen sind. Sie haben nun verschiedene Methoden kennengelernt, wobei Sie vielleicht die ein oder andere lieber mögen werden. Die Quintessenz des Anti-Grübeltrainings lautet: Werden Sie aktiv! Holen Sie sich zurück ins Hier und Jetzt, und kommen Sie ins Tun. Grübelgedanken tauchen mit Vorliebe dann auf, wenn Sie gerade nichts Besseres zu tun haben. Machen Sie es zu Ihrem Hobby, sich Handlungsoptionen zu generieren. Distanzieren Sie sich von den herumspukenden Grübelideen, und wandeln Sie sie um in konstruktive Möglichkeiten.

Sich vom Grübeln zu lösen bedeutet, Verantwortung zu übernehmen. Für die eigenen Gedanken, Gefühle und das Erreichen persönlicher Ziele. Wenn Sie jetzt auf gedanklicher Ebene arbeiten und in den „kleinen" Momenten des Lebens immer wieder konstruktive Lösungen für Ihre Grübelthemen finden, wirkt sich dies langfristig und nachhaltig auf Ihren Denkstil und in der Folge auch auf die „größeren" Lebens- und Persönlichkeitsbereiche aus. Nicht nur die Navigation über das Gedankenmeer wird also leichter, auch Sie als Kapitän werden wachsen.

Ich wünsche Ihnen viele Erkenntnisse, lustige Momente und einen achtsamen Umgang mit sich selbst. Viel Erfolg auf Ihrem Weg, sich die Übungen zu eigen zu machen. Bleiben Sie dran, es wird sich lohnen!

Grübel-Checkliste

Grübeln ...
- ist nicht lösungsorientiert,
- verfolgt keine konkreten Ziele,
- macht handlungsunfähig,
- dreht sich im Kreis,
- raubt Energie,
- verursacht Emotionen wie Zweifel, Sorgen, Unsicherheit, Unentschlossenheit, Kontrollverlust,
- verstärkt sich durch gedankliche Verzerrungen („Trickkiste der negativen Verstärker"),
- betont die Kluft zwischen „Wunsch-Welt" und „So-ist-es-Welt",
- sammelt Negativbelege und blendet andere Sichtweisen aus,
- vermischt Themen,
- wird durch ungünstige übergeordnete Leitsätze befeuert,
- ist eine Angewohnheit (!), keine in Stein gemeißelte Eigenschaft.

Checkliste der Grüblerqualitäten

Worin Sie als Grübler richtig gut sind:

- Sie besitzen Ausdauer und Tiefe in der Auseinandersetzung mit Themen.
- Sie verfügen über große Fantasie und Kreativität.
- Sie sind empfindsam.
- Sie haben ein Auge fürs Detail.
- Sie sind für den Ernstfall gewappnet.
- Sie sind routiniert in Selbstgesprächen.
- Sie sind trainiert in konzentrierter Selbstaufmerksamkeit.

Checkliste der Anti-Grübel-Strategien

Grübelgewohnheiten aufbrechen
- Bestandsaufnahme: Wie sehen Ihre persönlichen Grübelgewohnheiten aus?
- Allzweckwaffe Gedankenstopp
- Anti-Grübel-To-do-Liste
- Achtsamkeit
- Flexibilitätstraining
- Grübelauszeit auf dem Grübelstuhl
- Distanzübungen

Konflikte angehen
- Den Konflikt benennen
- Einschätzung des Konflikttyps
- Konfrontation statt Isolation
- Fokussierung und Absprung
- Systematisches Problemlösen
- Einflusslos und dennoch handlungsfähig
- Akzeptanz
- Drei Seiten einer Medaille
- Negative Gefühle aushalten
- Entscheidungskonflikte
- Wachstum und Erfahrungsschatz
- Kenne deine Optionen
- Kenne deine Bedürfnisse
- Pro und Kontra mit Gewichtung
- „Schwanger" für einen Tag

Konstruktives Denken im Alltag

- Timeout
- Tagesbilanz
- Werte
- Sicherheit im Inneren
- Beste Freunde
- Begabungen des Grüblers

Hinweis

Exzessives Grübeln kann mit depressiver und/oder Angstsymptomatik einhergehen. Ein wichtiges Merkmal ist Ihr persönlicher Leidensdruck. Falls Sie diesen empfinden und sich im Alltag beeinträchtigt fühlen, rate ich Ihnen zu einem professionellen Ansprechpartner vor Ort. Wenden Sie sich zum Beispiel an Ihren Hausarzt oder an eine psychologische Beratungsstelle in Ihrer Nähe.

Literatur

- Greve, N. (2013): *Reframing*. In: Techniken der Psychotherapie. Ein methodenübergreifendes Kompendium. Georg Thieme: Stuttgart
- Lassie Singers: *„Falsche Gedanken"*. Die Lassie Singers helfen dir. Columbia Records (Sony Music Entertainment), 1991. CD. Text: Funny van Dannen
- Linden, M. & Hautzinger, M. (Hrsg.) (2011): *Verhaltenstherapiemanual*. 7. Auflage. Springer
- Wiedemann, G. & Fischer, A. (2013): *Problemlösetraining*. In: Batra, A., Wassmann, R. & Buchkremer, G. (Hrsg.): Verhaltenstherapie: Grundlagen – Methoden – Anwendungsgebiete. 4. Auflage. Georg Thieme: Stuttgart
- D´Zurilla T.J & Goldfried, M.R. (1971). *Problem Solving And Behavior Modification*. Journal Of Abnormal Psychology, 78, 107–126

Zur Autorin

Bona Lea Schwab, Jahrgang 1983, ist Diplom-Psycholo-
gin und Drehbuchautorin. Ihre Studien absolvierte sie an
der Johann Wolfgang Goethe-Universität in Frankfurt am
Main, an der Eberhard Karls-Universität Tübingen sowie
an der Filmakademie Baden-Württemberg. Sie arbeitet
als Autorin und freie psychologische Beraterin in Stuttgart. Unter anderem ist sie für den Arbeitskreis Leben
Stuttgart e.V. tätig. Der baden-württembergische Verein
bietet Hilfestellung in Lebenskrisen und bei Selbsttö-
tungsgefahr.

www.regie-deines-lebens.de